POR QUE
DEUS
ESTÁ RINDO?

Deepak Chopra

Por que DEUS está rindo?

O caminho da alegria e do otimismo espiritual

Tradução de Débora Landsberg

Título original
WHY IS GOD LAUGHING?
The Path to Joy and Spiritual Optimism

Copyright © 2008 *by* Deepak Chopra

Todos os direitos reservados.

Edição brasileira publicada mediante acordo com Harmony Books, uma divisão da Random House, Inc.

Direitos para a língua portuguesa reservados
com exclusividade para o Brasil à
EDITORA ROCCO LTDA.
Av. Presidente Wilson, 231 – 8º andar
20030-021 – Rio de Janeiro – RJ
Tel.: (21) 3525-2000 – Fax: (21) 3525-2001
rocco@rocco.com.br
www.rocco.com.br

Printed in Brazil/Impresso no Brasil

preparação de originais
CRISTINA PARGA

CIP-Brasil. Catalogação na fonte.
Sindicato Nacional dos Editores de Livros, RJ.

C476p Chopra, Deepak, 1946-
    Por que Deus está rindo? – O caminho da alegria e do otimismo espiritual/Deepak Chopra; tradução de Débora Landsberg. – Rio de Janeiro: Rocco, 2010.
    –(Arco do tempo)

    Tradução de: Why is God Laughing? – The Path to Joy and Spiritual Optimism
    ISBN 978-85-325-2511-6

    1. Otimismo. 2. Alegria – Aspectos religiosos. 3. Vida espiritual. I. Título. II. Série.

10-0014   CDD-204.4
                                                      CDU-2-4

Para Mike Myers, que me mostrou que a verdadeira espiritualidade significa não se levar muito a sério, e aos amantes do riso e da sabedoria.

Sumário

Prefácio por Mike Myers / 9

Por que Deus está rindo? / 11

O caminho da alegria:
Os dez preceitos do otimismo espiritual / 119

Agradecimentos / 147

Foto © Mark Seliger

Prefácio

TIVE MUITOS HERÓIS NA VIDA. MEU PAI FOI O PRIMEIRO; Deepak Chopra, o mais recente. Entre os dois, houve um outro que me ensinou sobre o riso. Seu nome era Del Close.

Del Close foi um dos fundadores do Second City Theatre de Chicago, inaugurado em 1959. É o pai da comédia de improvisos moderna do modo como a conhecemos hoje em dia, um dos líderes da explosão da sátira norte-americana, o inventor do *happening*, um filósofo, teórico, grande professor. E, o que é mais importante, ele era um homem engraçado – sabia o que era ser engraçado. Bill Murray, John Belushi, Chris Farley, Stephen Colbert, Amy Poehler, eu e muitos outros nos beneficiamos de seus ensinamentos e sua filosofia de que a comédia equivale à verdade e a verdade equivale ao crescimento espiritual. Para simplificar, "Ha-ha-ha" está relacionado a "A-ha...!", o som que as pessoas emitem quando descobrem uma verdade.

Dizem que a verdade pode libertá-lo, mas acho que ela pode ser muito dolorosa num primeiro momento. Como disse Lenny Bruce, a equação da comédia é "riso = dor + tempo". Del chamaria esse tempo extra de "distanciamento"; Deepak o chamaria de "desapego". Ambos concordariam que é preciso viajar com leveza para alcançar a iluminação.

Rir é gostoso. Com seu ritmo acelerado e formato divertido, *Por que Deus está rindo* mostra a natureza espiritual/saudável do riso, assim como a atitude mental de desapego, gratidão e busca corajosa pela verdade que incita o riso e, consequentemente, a paz interior.

Meu primeiro herói, meu pai, costumava dizer: "Nenhuma situação é tão ruim que não possa ser motivo de risos." Um homem intenso, ele conseguia ver graça até nas situações mais tenebrosas. Meu pai viveu o período da Grande Depressão, da "Guerra de Mentira" de 1939, a Segunda Guerra, a Guerra Fria, e, por fim, sua guerra particular contra o Alzheimer. Porém, mesmo durante a demência, via graça na própria condição: tão forte e humana é a necessidade de rir.

Henry Bergson, em seu ensaio "O riso", diz que o riso é uma reação autônoma das profundezas da parte sub-reptícia de nosso cérebro, e que é desencadeado pela percepção de nossa mortalidade. Nestas páginas, Deepak conseguiu dramatizar essa ideia através da história de Mickey Fellows, um comediante obrigado a enfrentar os seus maiores medos. Deepak nos mostra que há escuridão no mundo e que a comédia é uma vela; ele nos estimula a refletir sobre a vela, em vez de divagar sobre a escuridão.

Por que Deus está rindo? Porque entendeu a piada.

– MIKE MYERS

Por que Deus está rindo?

1

A GRAÇA DIVINA BRILHA COMO UM FEIXE DE LUZ. PENETRA o universo, sem recuar por causa da distância ou das trevas. Você não a verá, mas ela sabe para onde está indo. A qualquer momento, alguém pode ser tocado por sua força misteriosa. Até mesmo Mickey Fellows.

Nesse dia específico, Mickey acelerava pelo Valley com seu Cadillac Escalade preto, sempre de olho numa possível aparição da polícia. O sol de Los Angeles iluminava a autoestrada, mas, para Mickey, escondido atrás do vidro fumê do carro e dos óculos escuros, o sol poderia até estar se pondo.

– Repita o que você disse – resmungou pelo celular.

– Os donos da boate não estão contentes. Disseram que o material novo não tem graça. Querem o retorno do velho Mickey.

– Era Alicia, sua agente.

– Eles que se danem. Deveriam beijar meus belos pezinhos só por eu me dar ao trabalho de aparecer por lá.

Mickey Fellows tinha recebido propostas de dois estúdios de cinema. Seu recente divórcio tinha merecido a capa da revista *People*. Ele só continuava a se apresentar em boates para sentir as reações da plateia.

Alicia não se deu por vencida.

– É melhor não agir assim. Você pode precisar dessas boates um dia.

– Deus me livre. – Mickey acendeu outro Merit mentolado.

Deus tem o privilégio de testemunhar a vida de todos nós de

uma só vez, apagando todas as diferenças. Se você olhasse para a raça humana de uma distância infinita, veria todas as pessoas que estavam na autoestrada naquele dia. Como todos nós, Mickey não pensava muito na própria alma. Não queria encarar verdades dolorosas, então dava um jeito de se distrair durante boa parte do tempo em que estava acordado.

Naquele instante, Mickey imaginou que uma piada cairia bem.

– Tenho uma boa para te contar – anunciou à agente. – O meu avô tem oitenta anos e ainda faz sexo quase todos os dias. Ele quase fez na segunda, quase fez na terça, quase fez na quarta.

Alicia permaneceu em silêncio.

– Acho que estou recebendo outra ligação – disse Mickey.

– Não acha nada.

– Dessa vez não estou brincando – respondeu Mickey. – Espere na linha. – Apertou a tecla. – Alô?

– É Michael Fellows quem está falando?

– Quem quer saber? – Desconhecidos sempre conseguiam seu número.

– Estou ligando do Hospital Cedars-Sinai.

Mickey sentiu uma gota de suor escorrendo pelo pescoço. Segurou o volante com mais força.

– Sim?

Nos poucos segundos que separam a iminência de um desastre e a colisão, um número impressionante de pensamentos pode atravessar a mente. Mickey se viu fazendo o check-up anual na semana anterior. O rosto da esposa lampejou diante de seus olhos, tão nítido que nem parecia que estavam divorciados há cinco anos. Câncer, AIDS, acidente de carro. A roda do destino girava, o ponteiro estava prestes a parar.

– Sinto muito, senhor Fellows. É seu pai.

– Ele caiu? Havia uma pessoa incumbida de cuidar dele – disse Mickey. Ele contratara uma empregada em tempo integral para o pai, uma pacata senhora da Guatemala que mal falava inglês.

— O seu pai recebeu um ótimo atendimento no pronto-socorro. Fizemos todo o possível para reanimá-lo, mas não conseguimos salvá-lo.

Mickey não escutou as últimas palavras. Assim que a voz disse "fizemos todo o possível", um estrondo nos seus ouvidos abafou os outros sons.

— Quando ele morreu?

A voz ao telefone, de uma mulher que provavelmente era enfermeira, começou a explicar, mas o estrondo continuava a abafar a escuta.

— Espere um segundo — pediu Mickey, parando o carro no acostamento. Tomou fôlego e balançou a cabeça, como um nadador tirando água dos ouvidos. — A senhora poderia repetir?

— Ele chegou ao pronto-socorro já inconsciente. Foi um infarto agudo do miocárdio. O nome do senhor estava na carteira dele como parente mais próximo.

Mickey ficou ligeiramente nauseado.

— Ele sofreu?

A voz tentou adotar um tom tranquilizador.

— Se isso serve de consolo, em geral esse tipo de infarto é súbito, leva menos de um minuto.

Um minuto que parecia horas, imaginou Mickey.

— Está bem, estou indo para aí. Ele está no pronto-socorro?

A voz feminina respondeu que sim e Mickey desligou. Ele voltou à estrada e acelerou até o retorno seguinte. A notícia foi um choque, mas não chorou. Não sabia como se sentir, na verdade. Larry. Seu velho. A mãe de Mickey tinha morrido jovem, de câncer de mama. Seu lado da família tinha propensão à doença. O pai, por outro lado, era forte como um touro. Sem ser convidada, uma piada surgiu na mente de Mickey.

Uma mulher de meia-idade cai morta com um ataque do coração. Ao chegar ao Céu, Deus diz:

— *Houve um grande erro. Você só está destinada a morrer daqui a quarenta anos.*

A mulher desperta e vai para casa. Ela pensa que, já que ainda vai ter muito tempo de vida, é uma boa ideia melhorar sua aparência. Então, faz várias cirurgias plásticas — um lifting facial, silicone nos seios, lipoaspiração na barriga, tudo a que tinha direito. Dois meses depois, atravessa a rua e é atropelada por um ônibus.

Dessa vez, ao chegar ao Céu, diz para Deus:
— O que está havendo? Eu ia viver mais quarenta anos.
E Deus diz:
— Mabel, é você?

Em geral, Mickey encontrava consolo nas próprias piadas, mas essa foi seguida por uma onda de culpa. Não era hora de fazer graça, mas era assim que sua cabeça funcionava. Não tinha como evitar.

A sala de espera do pronto-socorro era um lugar tenso, o ar pesado com tanto sofrimento. Rostos desesperados olhavam para qualquer pessoa que passasse, na esperança de que fosse um médico. Mickey andou até a mesa da recepção. Quando a enfermeira ouviu seu nome, disse:
— Sinto muito por sua perda, senhor Fellows. Por aqui, por favor.

Ela o conduziu em meio a uma série de portas que se abriam e fechavam e por um corredor cheio de macas. Em uma delas, um garoto com a cabeça envolta por faixas ensanguentadas estava sentado com as costas retas, gemendo baixinho. Pararam diante de uma porta vaivém e a enfermeira ficou parada do seu lado.
— Está pronto? — ela indagou.
— Você poderia me dar um instante, por favor? — pediu Mickey.
— O tempo que o senhor precisar. O médico estará lá dentro assim que o senhor estiver pronto — murmurou.

Para acalmar os nervos, Mickey tentou imaginar como seria o aspecto do rosto de Larry na morte. Em vez de visualizar o que pretendia, outra piada surgiu em sua mente.

Deus e o Diabo estavam discutindo a respeito da cerca que separa o Céu do Inferno.
– A do seu lado está caindo – disse Deus. – Olha só para ela.
– E daí? – retrucou o Diabo.
– Cada um é responsável pelo seu lado. O meu está perfeito.
O Diabo deu de ombros, indiferente.
– Então, o que você vai fazer a respeito?
– Se você me obrigar a isso, vou arrumar um advogado e processá-lo – ameaçou Deus.
O Diabo apenas riu.
– Dá um tempo. Onde você vai arrumar um advogado?

Mickey soltou uma risadinha, depois se deu conta do que estava fazendo.

– Meu Deus, por que não consigo agir como uma pessoa normal? – murmurou.

– Perdão? – indagou a enfermeira.

– Nada. Vou entrar agora. Obrigado.

Por alguma razão, ao longo de seus trinta e sete anos, Mickey nunca tinha visto um cadáver. A luz fraca mal iluminava o quarto. Na mesa, um vulto estava deitado sob um lençol.

Por Deus, papai. Você não podia ter me dado um aviso?

Era incrível como a morte imobilizava o ar ao redor. Mickey refletiu sobre isso, tentando não estremecer. O cheiro de desinfetante fazia com que o quarto parecesse ainda mais frio. Minutos se passaram. Mickey se beliscou, tentando não pensar em outra piada.

Um católico, um protestante e um judeu morrem e vão para o Céu. No portão do Paraíso, São Pedro diz...

Alguém tossiu discretamente ao seu lado.

– Senhor Fellows? Eu sou o doutor Singh.

A piada fugiu da cabeça de Mickey. Virou-se para o indiano de uniforme verde com um estetoscópio pendurado no pescoço.

– Não quis interromper – murmurou o jovem médico. Ele aparentava uns vinte anos, exceto pela barba preta eriçada.

Mickey sentiu uma pontada de culpa. *Ele acha que eu estava rezando.*

O médico fez um gesto reconfortante com a mão.

– O senhor pode se aproximar, se quiser – disse. Ambos permaneceram calados no momento em que o médico puxou o lençol.

Ao contrário do que temera Mickey, não era tão difícil olhá-lo. Seu pai podia muito bem estar dormindo. Larry ainda não estava pálido. Mesmo aos setenta anos, conseguia manter-se bronzeado o ano inteiro.

– Ele parece em paz.

O dr. Singh assentiu.

– O senhor quer saber exatamente o que aconteceu? Não estava de plantão quando ele chegou, mas examinei o prontuário. Às vezes a família quer detalhes.

– Só alguns – disse Mickey. Ficou imaginando se a maioria dos filhos colocaria a mão sob o lençol para segurar a mão do pai. As mãos de Larry estavam entrelaçadas sobre o peito. Seria mais horripilante se a pele estivesse quente ou fria?

– Foi um infarto agudo do miocárdio. Um infarto fulminante, por volta das duas horas da tarde. Os paramédicos chegaram em menos de cinco minutos. Mas seu pai deve ter falecido antes mesmo de cair no chão.

Mickey disse:

– Então foi rápido.

– Muito rápido.

Talvez isso explicasse a expressão no rosto de Larry, não exatamente serena, observou Mickey, mas sim um pouco surpresa. Se o seu coração estivesse explodindo e tudo o que você sentisse fosse uma dor excruciante, você pareceria simplesmente surpreso? De repente, uma nova ideia pegou Mickey desprevenido.

Não estou morto, seu cabeçudo. Só estou brincando, e passei por poucas e boas aqui neste lugar. Você entende a piada, não entende? Você, mais do que ninguém.

Mickey teve que conter seu ímpeto repentino de chutar a mesa e jogar o pai no chão.

"Não tem graça, seu doente!", gritaria. E Larry irromperia em um de seus ataques de risos sonoros, enquanto se levantaria e tiraria o pó da própria roupa.

Olhando de soslaio, Mickey percebeu a expressão do médico. O que via era nervosismo? Talvez o jovem médico fosse inexperiente – talvez não tivesse visto muitos mortos. Mickey não sabia. De uma coisa, porém, tinha certeza. A situação, definitivamente, não era uma piada.

TRÊS DIAS DEPOIS, Mickey foi fechar o apartamento do pai. Era só um quartinho pequeno, parte do condomínio para aposentados em Culver City. Pagou Lupe, a empregada da Guatemala. Foi ela quem encontrou o corpo de Larry.

– Aqui, *señor* – ela disse, apontando a poltrona preferida de Larry, uma *Barcalounger* que Mickey se recordava de sua infância. Tinha sobrevivido às guerras, os braços de couro azul gastos e rasgados.

Então foi lá que você a comprou, pensou Mickey.

Depois que Lupe foi embora, dando risadinhas constrangidas – ele tinha lhe dado cem dólares extras e levado o aspirador surrado até o carro dela –, não havia motivos para continuar ali. Mickey abaixou as venezianas, bloqueando os últimos raios fracos do sol. Desligou o termostato e olhou à sua volta.

Algo mais?

Achou uma garrafa de uísque pela metade na mesa de cabeceira do pai. Mickey ficou se perguntando se o pai teria se entregado completamente no final. Sempre parecia feliz ao telefone.

– Não, você não precisa vir até aqui. Seu velho é ativo como uma abelha e manso como um cordeiro – Larry dizia. – Ou talvez eu seja só manso.

Mickey girou o líquido âmbar, distraído. O fato de o pai ser tranquilo era um descanso.

Ao perambular pela sombria sala de estar, a garrafa na mão, Mickey se refestelou na poltrona surrada, abriu a tampa e tomou um trago. Ergueu a garrafa, imaginando um brinde aos mortos.

Esta é pra Sally, que é meio tarada,
Só anda de preto e não liga pra nada.
Quando ela me beija, assim acontece:
Até o que é mole enfim endurece.

No que dizia respeito a brindes, esse era antiquado e um pouquinho picante. Larry teria aprovado.

– Que Deus abençoe – balbuciou Mickey.

Não se deu conta de que adormecia na poltrona onde se sentara. O lusco-fusco deu lugar à noite. A garrafa de uísque ficou aninhada em seu colo. Nenhum inseto se agitava nos móveis de madeira, pois não havia nenhum móvel de madeira. De qualquer modo, a administração tinha dedetizado o apartamento muito bem.

Acorda, garotão.

– Estou acordado.

Prove que está. Abra os olhos.

Só uns instantes depois Mickey se deu conta de que seus olhos estavam fechados. Um brilho fraco cintilava do outro lado de suas pálpebras. Ao abrir os olhos, viu que o brilho vinha da TV que dera ao pai como presente de Natal. Quem a ligara?

Começou a se ajeitar para levantar da poltrona e a garrafa de uísque rolou até o chão, caindo com um golpe. Mickey não deu atenção, pois a TV estava estranha. A tela estava tomada por uma neve cinza, mas isso não era estranho: cancelara a TV a cabo no dia anterior.

O esquisito era que a neve indistinta formava uma figura vaga. Mickey se inclinou e olhou mais de perto. Conseguiu enxergar uma cabeça, depois duas mãos.

Não desligue.

Não sabia dizer se o contorno do rosto era o de Larry, mas sem dúvida a voz era a do pai. O que deveria ter feito Mickey pular para trás, assustado. Mas ficou aliviado, pois era a prova de que estava sonhando.

– Você está na TV – disse Mickey, levantando a voz. Caso frisasse o quanto o sonho era absurdo, o feitiço se quebraria e acordaria.

Não estou na TV. Não fale besteira. Estou no limbo. Eles me deixaram conversar com você.

– Eles?

O pessoal de Deus.

– Você consegue vê-los?

Não exatamente. É complicado. Apenas ouça o que vou te dizer.

Mickey hesitou. Seu olhar se desviou para o tapete, onde a garrafa de uísque gotejava no chão. Sentia o odor pungente de álcool, o que não era possível. De uma coisa Mickey tinha certeza: não sentia cheiros durante os sonhos.

– Vou desligar esse treco – murmurou.

Apertou com força o botão do controle remoto, mas a distorção cinza não sumiu, nem os contornos quase invisíveis que formava. Nesse momento, ao pressionarem a tela de dentro para fora, as mãos entraram em foco.

Quero te ajudar.

— Não preciso da sua ajuda — respondeu Mickey. Esmurrou o controle remoto várias vezes.

Esqueça a TV. Ela é só um meio de te contatar, já que você não acredita em mediunidade. Este método é mais conveniente.

Mickey balançou a cabeça.

— Não é possível que você seja o meu pai. Em primeiro lugar, esse negócio de limbo é uma bobagem. Em segundo...

As mãos viraram punhos e começaram a bater na tela. *Cala a boca. Não estou falando do limbo da igreja. Está mais para uma parada no meio de uma estrada. Nem lá nem cá. Entendeu?*

— Não. Como poderia entender?

Uma coisa naquela aparição bizarra era bastante convincente. Larry sempre teve pavio curto, e a voz também tinha. Ele começou a elevar a voz.

Não estrague tudo, garotão. Pare de agir como um imbecil e me ouça.

— Tudo bem, tudo bem. — Mickey se sentou na poltrona outra vez. — Estou ouvindo.

Este lugar aqui é diferente.

— Aposto que é.

Você não entende. Nem pode. Num minuto estou sentado nessa poltrona aí, no minuto seguinte é você quem está nela. No minuto seguinte, a sala começa a desaparecer. As paredes esmorecem e eu começo a atravessar o teto.

— Você teve um infarto. Não sentiu isso, não?

A dor é apagada da memória.

— A não ser quando não é — retrucou Mickey, desconfiado.

Não me interrompa. Fui subindo, sem parar, até que dava para olhar para baixo e ver a terra inteira, e todo mundo que vive nela. Vi todo mundo do lado onde fazia sol e do lado onde já era noite. Pessoas de todas as idades, todas as raças. A sensação é incrível, você nem imagina.

— Você não foi até a luz? — perguntou Mickey.
Não. Fiquei me perguntando sobre essa parte. Continuei flutuando pelo espaço, cada vez mais distante, e a Terra foi ficando cada vez menor. Imaginei que estivesse me aproximando de Deus.
— Deus está no espaço sideral?
A voz ignorou a pergunta. Estava cada vez mais animada.
Fiquei procurando, mas não havia nada. Deus nenhum. Anjo nenhum. E então ouvi. Dá para imaginar, garotão? Ouvi a voz de Deus.
— O que ele falou?
Não falou nada. Estava rindo.
— De quem ele estava rindo, de você?
Não. Não estava rindo de ninguém. Esse riso estava por todos os lados. Enchia o universo. Era alegria pura.

A voz agora estava extática, o que não parecia em nada com a de Larry. Deixava Mickey apreensivo. Trazia à tona a lembrança do dia em que encontrara o pai chorando, quando a mãe de Mickey morreu. De qualquer forma, que importância tinha para Mickey Deus estar rindo ou não? Os comediantes fazem as pessoas rirem. Isso não significa que estão felizes. O riso é um reflexo, assim como o espirro.

A voz já estava quieta havia alguns segundos. Em seguida, disse:
Todo mundo deveria escutar esse som. Garotão, isso faria toda a diferença.

Mickey duvidou seriamente daquilo, mas não interrompeu outra vez.

A voz percebeu o que Mickey estava pensando.

Não estou de brincadeira. Até que o mundo ria com Deus, nada vai mudar.

— Nada vai mudar, de todo jeito — retrucou Mickey. Inclinou-se e pegou a garrafa de uísque caída no chão. Pensou em dar um gole, mas achou melhor não fazê-lo.

— Fico contente por você estar bem, pai — disse. — Mas tenho que ir. Tenha um bom limbo.

Você não acredita em mim.
— Eu acredito é que dei uma passadinha pela loucura. Vou para casa dormir um pouco. Foi uma semana difícil.
Não para mim.
— Parabéns.
Não é para acabarmos assim, filho. Meu acesso é limitado. Você precisa me ouvir. Posso te mostrar o que fazer. Aí você também vai escutar o riso.
Mickey já tinha se levantado para ir embora.
— Se Deus gosta de rir, aqui vai uma piadinha para ele — anunciou. — Um cara morre e vai para o Inferno. O Diabo está dando um passeio com ele quando se deparam com um velhinho de noventa anos sentado no banco da praça. Está beijando uma linda garota de vinte anos.
— O homem diz ao Diabo: "O que está acontecendo? Isso aqui não é o Inferno."
— O Diabo responde: "É sim, para a garota."
Hahaha.
A voz soava desanimada, mas Mickey não ligou. Não conseguia imaginar Deus rindo, a não ser que risse da terrível bagunça que os seres humanos tinham feito na Terra, e nesse caso se trataria de um riso cruel. Agora, o Diabo *sim*, devia ter um sorriso no rosto, e por um bom motivo.
Mickey de repente sentiu a tristeza invadir seu peito.
— Estou decepcionado contigo, Larry. Você nunca me passava sermão. Cometeu um monte de erros, mas por uma coisa eu te dava crédito. Você nunca foi hipócrita.
Posso te compensar por tudo, garotão.
— Tarde demais.
Mickey já estava diante da porta. A tela cheia de distorções cinzas ficou preta e o ambiente imergiu nas trevas. Por um segundo, sua mão hesitou, apoiada na maçaneta. A voz tinha avisado que ele não devia estragar tudo. E se tivesse acabado de fazê-lo?

2

Na manhã seguinte, Payback pulou na cama e lambeu o rosto de Mickey. Payback era uma miniatura de doberman. A ex-mulher de Mickey, Dolores, dera a ela o nome de Daisy, mas depois que Mickey conseguiu a cadela no processo de divórcio, ele mudou seu nome para Payback. Assim, quando as pessoas perguntassem se era macho ou fêmea, Mickey poderia dizer: "Payback é uma cachorra." De todo modo, Dolores podia até ter ido embora, mas a doberman ainda o amava.

Em seguida, a doberman começou a choramingar, os olhos fitando o rosto de Mickey, exigindo seu passeio matinal. Ou será que sentia algo de diferente nele?

– Não se preocupe, querida – Mickey sussurrou em seu ouvido. – Não está acontecendo nada. Juro. – Payback abanou o rabo e deu uma mordidinha na mão dele. Ela era nervosinha.

Alguns minutos depois, Mickey estava encostado no balcão da cozinha, falando ao telefone.

– Jogue tudo o que há no apartamento do meu pai fora. Doe. Não quero nada.

Alicia, sua agente, estava do outro lado da linha.

– E as fotos, as coisas de família?

– Dê uma olhada nisso tudo. Confio no seu bom-senso – disse Mickey.

Ele tomou um gole de café expresso.

– Sabe, andei pensando. Nunca faço piadas sobre Deus nas minhas apresentações.
– Você quer começar a fazer agora? – Alicia perguntou, desconfiada. – O que está havendo com você?
– Nada. – A lugubridade da noite anterior havia se dissipado. Fosse qual fosse o delírio que vivenciara, não tinha passado de algo temporário. Ainda assim, teria sido legal conversar com Larry, de verdade, uma última vez.

Alicia disse:
– Descanse um pouco. Tire alguns dias de folga. Dou um jeito de lidar com os tubarões.
– Obrigado.

Payback estava arranhando a porta para sair. Em um lado da casa, com vista para o mar, só havia portas de dois batentes. Mickey colocou a coleira no cachorro e saíram para ir à praia. Payback latiu furiosamente para as ondas, como se houvesse ladrões tentando roubar a areia.

– Você é louca – disse Mickey, satisfeito. Em geral, se divertia ao vê-la se atirar feito doida ao mar, mas hoje ele estava abatido e irrequieto. Não conseguia se esquecer do que dizia a voz de Larry. Não que fizesse algum sentido. Assim como quase todo mundo que conhecia, Mickey era alérgico a Deus. Que bem havia em crer numa divindade que observava e não fazia nada a respeito dos genocídios, da AIDS e das crianças que morriam de fome? Ou Deus não existia, ou deveria ser evitado.

Isso fez com que se recordasse de uma velha piada.

Um ateu está nadando no mar quando vê a barbatana de um tubarão branco e enorme. Desesperado, grita:
– *Deus, me salve!*
De uma só vez tudo congela, o céu se parte e uma voz diz:
– *Por que deveria salvá-lo? Você não acredita em mim.*
O ateu tem uma ideia.
– *Talvez você possa fazer o tubarão acreditar em você.*

– Está bem.
O céu volta a se juntar e de repente o tubarão parte direto em direção ao ateu. De súbito, o tubarão para e une as barbatanas. Começa a rezar.
O ateu fica perplexo.
– Funcionou. O tubarão acredita em Deus.
Nesse exato momento, ouve o tubarão murmurando:
– Ó, Senhor, sejamos gratos pelo alimento que estamos prestes a receber.
Mickey notou que um desconhecido vinha em sua direção. Não se tratava de um corredor, nem de um nadador, nem um pescador, os tipos que geralmente se vê na praia. O estranho caminhava devagar e reto na direção de Mickey. Com o sol matinal atrás dele, só se via sua silhueta. Quando chegou mais perto, Mickey enxergou um homem alto e moreno, de uns trinta e poucos anos, barba densa, usando calças cáqui e camiseta azul.
O homem parou bem diante de Mickey.
– Você tem alguma coisa para mim – disse ele.
Mickey, surpreso, murmurou:
– Acho que não.
– Em geral, acerto essas coisas – afirmou o homem. – Olhe o seu bolso.
Sua presença era intimidante – Mickey achou que ele parecia um conquistador espanhol, só que sem a armadura –, mas a voz era reconfortante.
– O que deveria haver no meu bolso? – indagou Mickey.
– Uma pista.
O conquistador aguardou. Estava claro que não havia como se livrar dele, então Mickey enfiou as mãos nos bolsos das calças de corrida. Pegou um pedaço de papel dobrado.
– Quer que eu leia para você? – ofereceu o conquistador.
– Não, eu mesmo leio.
Enquanto Mickey desdobrava o papel, que tinha anotações de um lado só, ele disse:

– Você pode me dizer seu nome?
– Francisco. Eu sei o seu. O que está escrito no bilhete?

O fato de que um perfeito desconhecido o reconhecia não surpreendia Mickey. Ele leu o que estava escrito no papel.

Muitas mentiras eu conto, mas sou sempre acreditado
Se o pior acontece, fico muito aliviado
Quando você nasceu, seu coração consegui envenenar
E até o dia de sua morte eu vou te enganar.

A charada agourenta estava escrita com letra cursiva, pequena e meticulosa. Francisco assentiu, como se fosse a pista que estava esperando.

– Agora sabemos por onde começar – anunciou.
– Começar o quê? – perguntou Mickey.
– O processo – respondeu Francisco, com um pouco de satisfação. – Você foi escolhido. Não que a sua aparência o demonstre. Tudo bem. Raramente está na cara.

Mickey fez que não com a cabeça.
– Não quero ser escolhido.
– Por que não?

Porque gosto da minha vida do jeito que ela é, Mickey queria falar. Mas não tinha muita certeza de que era verdade, então disse:
– Meu pai acabou de morrer. Acho que não é uma boa hora para lidar com isso.
– Você está falando do Larry? – perguntou Francisco. – Quem você acha que mandou o bilhete?

Mickey ficou com a boca seca.
– De onde você conhece o Larry?
– Não tem importância. Você recebeu uma pista. O que é muito, muito raro acontecer. Deveria ficar grato. – Francisco fixou o olhar em Mickey. – Não vá desmaiar na minha frente. Respire fundo, devagar.

Mickey ofereceu. Quando teve certeza de que não ia fraquejar, disse:

– Você vai me levar para algum outro lugar?
Sua apreensão foi motivo de risos para o desconhecido.
– Não, não é nada disso. Primeiro, vamos matar a charada. Depois veremos aonde ela vai nos levar.
– Não tenho a resposta – disse Mickey.
– Você está nervoso demais para pensar com clareza – disse Francisco. – E quem não estaria? – Tirou o papel da mão de Mickey e refletiu por um instante. Em seguida, escreveu uma palavra com um lápis que tinha no bolso. Quando devolveu o bilhete, a palavra era "medo".
– Essa é a resposta? – indagou Mickey.
Francisco assentiu.
– Se encaixa em todos os versos. – Ele recitou a charada, dessa vez com a resposta no lugar.

Muitas mentiras o medo *conta, mas é sempre acreditado*
Se o pior acontece, o medo *fica muito aliviado*
Quando você nasceu, seu coração o medo *conseguiu envenenar*
E até o dia de sua morte o medo *vai te enganar.*

– Não fique com essa cara de decepção – pediu Francisco. – Vamos fazer você perder o medo.
– Eu não quero perder – disse Mickey, arrependido por ter deixado o estranho lhe entregar o papel.
– Você tem que dar uma chance ao processo.
– Por quê? Sinceramente, o que me deixa mais nervoso aqui é você – confessou Mickey. Nesse instante, sentiu um empurrãozinho no tornozelo. Olhou para baixo e viu que Payback o fitava. – Ela quer ir para casa. A gente se vê.
Francisco balançou a cabeça.
– Sabe o que você me lembra? Alguém aguardando para entrar no consultório do dentista. A maioria das pessoas na sala de espera não o demonstra, mas todo mundo está com medo. Mas depois da consulta, todos saem com um sorriso de orelha a orelha. Você não quer sair com um sorriso de orelha a orelha?

— Já sou bastante sorridente — disse Mickey. Sentiu uma pontada de culpa por recusar a oferta de um estranho sem pensar sequer duas vezes. — Ninguém é totalmente destemido — acrescentou.
— Eu sou.
A declaração poderia ter soado como uma ostentação vazia, mas, ao olhar nos olhos de Francisco, Mickey quase acreditou no comentário. Os olhos dele eram imperturbáveis como as estrelas e completamente tranquilos. Francisco viu nesse instante de hesitação uma abertura.
— Pelo menos tente — propôs.
O que Mickey poderia dizer? Não podia simplesmente sair correndo — isso só confirmaria que o estranho estava certo sobre o seu medo. E Alicia havia lhe dito para tirar uns dias de folga. Era melhor entrar no jogo.

— A PRIMEIRA COISA — explicou Francisco —, é que o medo é um mentiroso. Exatamente como diz a charada.
Mickey teve um pouco de dificuldade para escutá-lo, pois estavam parados no acostamento da rodovia ao lado da praia. Seis pistas de carros e caminhões passavam por ali, com seus motores roncando.
— Por que estamos aqui? — perguntou Mickey.
Em vez de responder, Francisco perguntou:
— O que aconteceria se você atravessasse essa avenida agora?
— Eu morreria.
— Viu? É mentira. Tente.
— Você enlouqueceu?
Francisco fez que não com a cabeça.
— Desça do meio-fio. Você está a salvo. É um estacionamento.
— Dois carros estavam estacionados diante deles, e o espaço entre o para-choque de ambos era grande o bastante para garantir sua passagem.

Mickey desceu do meio-fio, mas ficou incomodado.
– Qual é o intuito disso?
– Não faça perguntas. Continue andando.
Mickey se aproximou do fluxo do tráfego. Parou na beirada da vaga onde os carros estavam estacionados.
– Vá em frente – insistiu Francisco. – Vá até a porta da frente, como se fosse abri-la. – Mickey obedeceu. – Agora encare o tráfego e ande no meio dele.
Esse cara é maluco, pensou Mickey.
– Você só vai perder o medo quando tentar – argumentou Francisco.
Mas que diabos! Mickey aguardou uma brecha no tráfego e então pisou na rodovia. Enquanto se preparava para dar outro passo, ouviu uma buzina estrondosa. Do nada, uma caminhonete de entregas acelerava em sua direção. No mesmo instante, ele deu um pulo para trás e a van passou correndo ao seu lado. O motorista cravou os olhos nele enquanto passava.
Mickey voltou correndo para o meio-fio.
– Então, o que você pretendia provar com isso?
– Isso provou que você não se deixou ser morto. Você recuou bem na hora. Por quê? Porque seu corpo age por instinto. Quando está em perigo, ele se mexe de forma a escapar.
O coração de Mickey estava acelerado por causa do quase acidente, e era difícil escutar o que o estranho dizia.
– Mas mesmo assim eu podia ter morrido – insistiu.
– Não, é só o seu medo falando. Tente outra vez. Ande no meio do tráfego. Você não vai ser atropelado. Seu corpo não vai permitir. Ele sabe muito bem como cuidar dele mesmo.
Era óbvio que Mickey não ia mais pisar na rodovia. Porém, imaginou que se aproximava do fluxo dos carros e percebeu que Francisco tinha razão. O ímpeto de pular para trás seria avassalador.
– Pode ser que você esteja certo – disse. – Mas não entendo o que isso tem a ver com a história de o medo ser mentiroso.
Francisco explicou:

— O medo lhe diz que você não está seguro. Mas está, sim. Achar que você não está seguro é uma ilusão. Ao acreditar numa ilusão, você está engolindo uma mentira.

Francisco não deu a Mickey tempo para contestar.

— Você vai me dar várias razões provando que estou enganado — prosseguiu. — Tente pensar nas razões que indicam que eu posso estar certo.

Era mais difícil do que parecia. De repente, a mente de Mickey foi tomada por suas maiores preocupações. Câncer. Um motorista embriagado dando uma guinada e desviando para a pista de Mickey, causando uma colisão frontal. Um gângster de farra, lançando uma rajada de balas no meio da rua. O carro sendo roubado. A casa sendo arrombada. Forçou a mente a interromper a onda de pensamentos.

— Está vendo o que você está fazendo? — disse Francisco. — Está fantasiando coisas.

— Não são coisas tão fantasiosas assim — retrucou Mickey.

— São, sim. A principal tática do medo é fazer com que a ilusão pareça realidade. Mas uma dor imaginária não é a mesma coisa que a dor verdadeira. Uma morte imaginada não é a mesma coisa que a morte de verdade. Quando você se entrega ao medo, ou está projetando o futuro ou revivendo o passado. No aqui e agora, você está em segurança. Por mais que o medo tente convencê-lo de que é real, na verdade o que está acontecendo é que você está perdendo o contato com o presente. O mundo se torna a sala de espera do consultório do dentista, com todos antecipando a dor que vão sentir.

— Às vezes ir ao dentista realmente dói — disse Mickey.

— Você está querendo dizer que o medo diminui a dor? Eu acho que não. Se todo mundo na sala de espera está com medo, mas só 5% das pessoas sentem dor quando estão sentadas na cadeira do dentista, então em 95% dos casos o medo não faz sentido. O medo é um péssimo instrumento para prever o futuro. Na verdade, não há nada mais duvidoso que o medo, mas ainda assim as pessoas confiam nele o tempo todo.

Francisco percebeu que estava causando boa impressão.
– Ótimo. Sua mente está começando a relaxar – comentou.
– Não sei – disse Mickey, ainda desconfiado. – Ainda existem os 5%.
– Se o meteorologista acertasse só 5% das vezes – disse Francisco –, seria demitido amanhã mesmo. Está na hora de demitir seu medo. Vamos lá.

Ele saiu andando, se afastando da rodovia. Perto dali, uma fileira de casas de frente para a praia estava sendo construída.

– Precisamos buscar uma coisa nessa construção – comentou Francisco.

Um momento depois, apontou para o bolso de Mickey.
– Leia o segundo verso da charada.
Mickey pegou o papel.
– Se o pior acontece, o medo fica muito aliviado.
– É assim que o medo funciona. Sempre que um de seus medos vira realidade, você lhe dá crédito por tê-lo protegido até esse instante. O que só te incentiva a passar a vida toda esperando um desastre.

Mickey já se sentia mais confortável perto do estranho quando estavam andando lado a lado, com Payback trotando mais à frente. Ainda sentia que só estava fingindo entrar no jogo, mas Francisco até podia ter razão. Uma parte de sua mente – um pequeno fragmento – parecia estar derretendo.

– Você está dizendo que jamais devo ter medo? – questionou. – Isso é impraticável.

– É mesmo? Vou lhe contar uma história. Uma jovem vai ao médico fazer um check-up. "Morro de medo de ter câncer", ela diz. "Você tem certeza de que estou bem?" O médico responde: "Claro. Seus exames estão perfeitos. Você não está com câncer."

"Mas, ainda assim, ela tem certeza de que está, então volta algumas semanas depois. O médico a examina outra vez e, de novo, diz que ela não tem nenhum motivo para se preocupar. Não está com câncer.

"Isso se prolonga por anos. De poucos em poucos meses, a mulher vai ao médico, certa de que está com câncer, e nunca está.

"Até que ela completa oitenta anos e, depois de fazer o check-up, o médico anuncia: 'Sinto muitíssimo. Tenho uma péssima notícia. Você está com câncer.'

"A mulher ergue os braços. 'Eu avisei'."

Não era uma história que provocasse gargalhadas, mas Mickey esboçou um sorriso sarcástico.

– Você entendeu a lição? – indagou Francisco. – O fato de que algo ruim aconteceu não prova que seu medo era justificável. O medo nunca vai deixar de tentar te convencer, mas quando você decide parar de acreditar nele, você será uma pessoa destemida.

A essa altura, já tinham chegado à construção. Como era fim de semana, não havia ninguém no local. Francisco foi até a lixeira cheia de sucata e remexeu no que havia sido descartado. Logo depois, achou uma tábua de madeira comprida.

– Vejamos – disse, colocando a tábua no chão. – Que largura deve ter essa tábua? Quinze centímetros?

– Aproximadamente – respondeu Mickey.

– E o comprimento? Dois metros e meio?

– Isso.

– Vamos ver se você consegue andar nela sem cair.

Mickey subiu numa das pontas da tábua estreita e andou até a outra.

– Foi fácil? – perguntou Francisco.

Mickey assentiu, silenciosamente.

– Tem certeza? Tente outra vez.

Mickey retornou à ponta inicial.

Segurando a tábua, Francisco seguiu em direção ao bloco de condomínios mais próximo, achou as escadas de incêndio e começou a subir.

— Venha comigo.

O bloco onde entraram estava praticamente terminado. Quando chegaram ao terraço, Francisco olhou em volta. Tinham subido cinco andares. A vista para o oceano deixava ver a Santa Mônica, ao sul, e Malibu, ao norte. Em vez de aproveitar a paisagem, Francisco foi até a ponta do terraço, onde havia um vão entre este e o outro edifício. Pôs a tábua ali. Ela mal atravessava o buraco.

— Pronto, ande sobre ela mais uma vez — disse.

Mickey ficou nervoso ao olhar para baixo e ver uma queda de quinze metros.

— Não consigo — disse.

— Mas você acabou de fazer isso. Duas vezes. Quando a gente estava no chão, não houve problema.

— Assim é diferente.

— Por quê?

Francisco o fitou por um instante.

— O que está te impedindo é o medo. Racionalmente, não deveria ser um problema andar na mesma tábua em que você andou antes. Mas o medo diz que você não pode fazer isso. Por que acreditar nele?

— Porque, se eu cair, vou quebrar o pescoço — afirmou Mickey.

— O medo te obriga a confundir imaginação com realidade — explicou Francisco. Sem avisar, colocou o pé na tábua. Quando estava bem no meio dela, meio suspenso no ar, deu meia-volta.

— Meu equilíbrio não é muito melhor que o seu. Agora observe.

Deu um giro rápido e depois um saltinho sobre a tábua, que envergou e rangeu sob seu peso. Observá-lo deixou Mickey quase nauseado de tanta angústia.

— Para com isso. Volta — ele bradou.

Francisco obedeceu. Quando já estava ao lado de Mickey, fitou-o.

— Você ficou com medo só de me olhar. Não é esquisito? Você não estava correndo risco nenhum. Nem imaginário.

— Fiquei com medo por você — disse Mickey. Parecia uma explicação razoável, mas Francisco balançou a cabeça.

— Viu como o medo se espalha por tudo quanto é canto? Ele domina até situações que nada têm a ver contigo, e todo espaço em que se infiltra se torna cheio de riscos.

Eles atravessaram o terraço e voltaram para as escadas de incêndio. Nenhum dos dois abriu a boca até estar em terra firme.

— Para um dia só, já basta — decretou Francisco. — Devo te encontrar de novo? A escolha é sua.

Mickey estava na defensiva.

— O que vem em seguida?

— Hoje flertamos com o medo. Amanhã vamos abordar a questão com seriedade. Talvez acrescentando um toque de terror. O que você acha?

— Horrível.

— Vou lhe dizer o que é horrível. Leia os dois últimos versos da charada — pediu Francisco.

Mickey pegou o papel e leu.

Quando você nasceu, seu coração consegui envenenar
E até o dia de sua morte eu vou te enganar.

Quando Mickey terminou, o homem alto disse:

— Posso garantir uma coisa. Se você não levar esse processo a cabo, vai ter medo até o dia em que morrer.

— Sério?

— Sério.

Após essa observação, Francisco partiu. Pouco depois, Mickey se deu conta de que não perguntara o que aquilo tinha a ver com o riso de Deus. Tinha certeza absoluta de que havia alguma ligação. Larry não o sabotaria. E se tivesse sabotado? A morte significa que você nunca terá que se desculpar.

Ele era capaz de escutar Alicia repreendendo-o.

— Não roube material, Mickey. Você não precisa disso.

3

Mickey tinha de admitir que Francisco era um sujeito incrível. O que ele tinha de especial? Magnetismo, carisma? Mas assim que Francisco foi embora, o encontro dos dois perdeu a força. No dia seguinte, aquilo tudo já parecia uma perda de tempo. Seu objetivo de vida não era ser destemido. Por que deveria ser?

Payback pulou na cama para acordá-lo, mas Mickey não a levou para passear. Tinha decidido evitar a praia, pois Francisco poderia estar lá, esperando por ele.

Passou a manhã inteira agitado. Folheou algumas revistas, mas o passatempo não durou muito. E também estava nervoso demais para ficar sentado diante da TV. Por volta do meio-dia, o telefone tocou. Mickey deu um salto, embora não tivesse motivos para se assustar.

Era sua irmã, de Atlanta.

— Só estou ligando para saber se você precisa de alguma coisa — ela disse.

— Do quê eu poderia precisar?

— Sei lá.

O nome da irmã era Janet, e ela e Mickey não se falavam com frequência. Quando os pais se divorciaram, os irmãos ficaram separados. Metade da família ficou em Chicago e a outra se mudou para Atlanta. Mickey, que ficou para trás com o pai, só via Janet quando visitava a mãe, durante uma semana por ano a cada verão. Não ficou surpreso quando ela resolveu não aparecer no funeral.

Disse Janet:

— Não paro de pensar que ele sofreu. Dizem que não há dor maior do que a de um infarto. É como se um caminhão passasse por cima do seu coração.

— Mana, não.

— Você tem certeza de que ele não sentiu nada?

— Não, aconteceu *assim*. — Mickey estalou os dedos.

— Mas a gente não tem como ter certeza, não é? — Sua voz estava trêmula. — O papai pode ter passado um tempo deitado, sozinho, sentindo dor. Pode ter passado por um verdadeiro inferno.

— Não adianta nada ficar imaginando coisas.

— Acho que você tem razão. — Janet hesitou, se recompondo. — Queria ter a certeza que você tem.

O que isso significava? Mickey lembrou-se de que eles não se conheciam muito bem. Quando sua carreira decolou, a irmã não telefonou para lhe dar os parabéns. Ela não usava os ingressos gratuitos que Mickey lhe enviava quando estava em turnê ou quando um filme novo estreava.

— Você me acha engraçado? — ele perguntou.

— Quê?

A pergunta tinha surgido do nada. Mickey não sabia por que a fizera. Mas em poucos segundos Janet já tinha resposta.

— Cresci ao seu lado — ela explicou. — Você nunca contava piadas. Não era o palhaço ou o idiota da turma. O divórcio dos nossos pais o modificou.

— No sentido de que, de repente, virei um idiota?

— Não fique na defensiva, Mickey. Não foi isso o que eu quis dizer. Você simplesmente mudou. Queria ser engraçado o tempo todo. Foi estranho, só isso.

— Sério? Então, na sua opinião, não sou engraçado. Eu sou um... o quê? O irmão caçula que virou um tagarela?

— Você ficou chateado.

Mickey não negou.

— Você fez uma pergunta, Mickey. Simplesmente achei que não deveria existir essa distância tão grande entre nós — disse Janet.

— Desculpe. Esses últimos dias têm sido muito estressantes.

Janet aceitou a proposta de paz. Murmurou desculpas também e desligou.

De repente, a casa grande e arejada parecia uma caixa de sapatos. Mickey perambulou até o deque de frente para a praia. Na outra ponta, um homem estava sentado em uma das espreguiçadeiras brancas que Mickey usava para tomar sol. Era Francisco.

— Coisas desse tipo vão começar a acontecer mais de agora em diante — disse, sem se levantar.

— Do quê você está falando? — disparou Mickey. Ele pulou cumprimentos amistosos.

— Quando o processo é iniciado, você abre uma porta. Então o inesperado dá uma espiada.

— Dane-se o processo — Mickey disse, azedo.

Francisco não ficou ofendido.

— Pobre Mickey — murmurou. Aproveitou por mais um momento a luminosa imensidão do mar que se espraiava diante deles, em seguida levantou-se.

— Precisamos ir no seu carro, e você tem que levar uma piada. Isso não vai ser problema, não é?

Ainda inquieto por causa da conversa com a irmã, Mickey concluiu que não seria nada mau ter companhia.

— Está bem — disse.

Instantes depois, eles aceleravam na pista da Coast Highway. Francisco apontou para o Sunset Boulevard quando chegou a hora do desvio.

— Para mim, tanto faz para onde você está me levando — declarou Mickey. — Mas só para você saber: não sou o que você imagina.

— E como eu o imagino? — indagou Francisco.

– Como alguém com medo da vida. Preocupado. Ansioso.
– Tá certo.
– Você não acredita em mim.
Francisco deu de ombros.
– Não interessa no que acredito. Você está levando o que eu disse para o lado pessoal. Todo mundo nasce com medo e quase todo mundo continua assim até morrer.
– O que torna você especial?
– Quando você não vive com medo, você enxerga a verdade. Ela se torna óbvia.
– Se você diz – murmurou Mickey. Estava atento à pista na altura em que o Sunset fazia curvas largas em meio a vizinhanças luxuosas. Francisco não apontou nenhum desvio.
– Você trouxe a piada, como eu pedi? – perguntou Francisco.
– De que estilo você queria?
– Piada de cachorro.
Mickey deu de ombros.
– Um homem entra num bar com seu cachorro. Ele diz ao barman: 'Meu cachorro Fido sabe falar. Se você me der uma bebida de graça, provo que é verdade.'
"O barman fica curioso, então serve uma bebida ao homem. 'Você fala mesmo?', ele pergunta ao cachorro.
"'Falo, sem dúvida', responde o cachorro.
"O barman fica tão impressionado que tira dinheiro do bolso. 'Aqui, cinco dólares', diz ao animal. 'Atravesse a rua e fale com o meu amigo Paddy.' O cachorro pega o dinheiro e sai.
"Alguns minutos depois, seu dono sai do bar e vê o cachorro enganchado com outro na sarjeta, cruzando. Fica chocado.
"'Fido', ele exclama, 'você nunca tinha feito isso!'
"O cachorro retruca: 'Eu nunca tinha ganhado cinco dólares.'"
Não era a melhor das piadas, mas quando Francisco não riu, Mickey irritou-se.

— Ganho muita grana para contar piada — anunciou. Francisco o interrompeu.
— Vire aqui — disse, apontando para uma casa à esquerda.
— Você conhece esse pessoal? — perguntou Mickey.
— Não — Francisco respondeu, com tranquilidade.

Mickey ficou nervoso por ter que entrar na garagem de desconhecidos. Depois de estacionar, seguiu Francisco, que não se dirigiu à porta da frente, e sim aos fundos. Alguns metros depois, Mickey começou a ouvir um latido alto. Ao fazer a curva, viu dois pastores alemães, que agora latiam com ainda mais fúria. Enlouquecidos, tentavam dar o bote nos dois estranhos, esticando as correntes que circundavam seus pescoços.

— Isso é errado. Temos que ir embora — disse Mickey, alarmado. Temia que os donos da casa saíssem atirando a qualquer momento.

— Chegue mais perto — disse Francisco.
— Nem pensar.

Não era normal ter medo de cachorro, mas aqueles dois eram grandes e perigosos. Mostravam os caninos e faziam um estardalhaço ensurdecedor. Mickey sentia o coração acelerar.

Francisco puxou a manga de sua camiseta.

— Eles querem ouvir sua piada de cachorro — disse. Empurrou Mickey em direção aos cachorros, deixando uns trinta centímetros de distância entre eles. Os cães estavam frenéticos. — Vá em frente.

— Um homem entra num bar — começou Mickey. Mal conseguia emitir as palavras. Um dos cães começou a espumar pelo canto da boca.

— Isso é loucura — berrou Mickey. Recuou e correu em volta da casa, em direção ao carro.

Para sua surpresa, Francisco não fez objeção. Ele o seguiu, enquanto os cachorros continuavam a latir como loucos.

41

— Mais alguns minutos e você teria se acalmado — disse Francisco.

— Duvido.

Entraram no carro e o tiraram da entrada da garagem. Mickey só teve disposição para escutar quando já estavam na pista, longe da casa.

Francisco disse:

— Fiz isso para lhe mostrar que a ideia de que você não vive com medo é um engano. O medo é seu companheiro silencioso e surge quando você menos espera.

— Não preciso de um truque idiota como esse — Mickey resmungou. — Aqueles cães eram assassinos. Qualquer pessoa ficaria morrendo de medo.

— E os donos dos cães? Eles morrem de medo?

— Eles não contam.

— Você não está entendendo. As pessoas se acostumam ao medo e confundem a indiferença com a superação. Os donos estão acostumados com os cachorros, mas se um dia fossem ao quintal e encontrassem dois jacarés no lugar deles, sua reação mudaria imediatamente — explicou Francisco.

Mickey ainda estava aturdido.

— Você está certo, eu não estou entendendo, porque, por algum motivo espantoso, não tenho jacarés que aparecem de surpresa.

— Pare de resistir. Estou tentando fazer com que você olhe para dentro de si — disse Francisco. — Mesmo que não note, o medo te domina. Sempre que quiser, ele vai pular em cima de você, que não vai ter forças para resistir.

Mickey continuou taciturno, mas até certo ponto estava absorvendo todas aquelas informações. O estranho certamente acreditava no que estava falando. E, à sua maneira, seu modo de pensar fazia sentido. Talvez fosse hora de se soltar um pouco.

— Só quero saber aonde você está tentando chegar — disse Mickey.

Francisco declarou:

— Imagine que seu pior inimigo vai à sua casa. Ele se senta na sala de estar e, independentemente do que você faça, não vai embora. Dia após dia, ele se recusa a sair. O que você faz? Passa a ignorá-lo. Finge que ele não existe.
— Eu chamaria a polícia — retrucou Mickey.
— Pare de lutar contra mim.
— O.k., o.k.
— A sua casa deixa de ser sua se estiver vivendo com um inimigo. Não faz diferença se vai tapá-lo com um pano ou decidir redecorar a casa inteira. Só vai se sentir seguro quando descobrir um jeito de fazer seu inimigo ir embora.

Francisco expressava seus pontos de vista sem rodeios. Agora, mostrava toda a sua confiança nas suas próximas palavras:
— Este mundo é a sua casa, e ela é segura. Deus a criou assim. Mas o medo se insinuou. Um problema sério. Ninguém mais se sente seguro.
— Amém — murmurou Mickey.
— Enquanto você viver com medo, o mundo vai ser uma ameaça. Se acha que isso não tem importância, tudo bem. Mas vivendo desse jeito você nunca vai descobrir a alegria de sua própria alma — afirmou Francisco.

Mickey fez uma careta.
— Você está sempre com esse alto-astral todo? Não consigo ficar tão feliz assim nem se comer muito açúcar.

Francisco riu.
— Você acha que eu deveria relaxar?
— Mal não faria.

Francisco olhou o céu perfeitamente azul pela janela. Mickey ficou aliviado por ele ter parado de falar. Havia muita informação para absorver e seu estômago já estava enjoado.

Quando você nasceu, seu coração consegui envenenar.

Que deprimente. Já devia fazer um mês que tinha se deparado com o fantasma de Larry, ou seja lá o que fosse aquilo, na TV.

E Deus ainda não estava rindo, ao menos não tão alto a ponto de Mickey escutar.

Entretanto, Janet estava certa. Depois que os pais deles se divorciaram, ele virou um piadista. Mas ela não entendia por quê. Mickey não sentira tristeza ou solidão. Simplesmente desejava ser feliz e descobrira, com apenas quinze anos, que ninguém poderia fazer isso por ele. Ouvir outras pessoas rindo era puro prazer, e esse era o único consolo que poderia oferecer a si próprio.

– Quer ouvir a piada sobre o fim do mundo? – perguntou Mickey.

Francisco se voltou para ele.

– Claro.

– Uma velhinha vai a um restaurante. Ela come salada. Depois diz ao garçom: 'Vou querer um sundae.'

"'Sinto muito lhe informar, madame', diz o garçom, 'mas daqui a cinco minutos o mundo vai acabar.'

"A senhorinha pensa por um instante e diz: 'Nesse caso, capricha no chantilly.'"

– Agora uma dose de pavor profundo – Francisco disse a Mickey. – Vai ser uma experiência intensa. Não vá perder a cabeça. – A advertência seria muito mais crível caso estivessem em outro lugar.

– Aqui? – indagou Mickey. – Isso é uma loja de brinquedos.

– Espere só para ver.

Francisco olhava ao redor, como se esperasse achar algo. Um minuto depois, pareceu ter encontrado o que procurava: uma mãe e uma menininha de cerca de três anos. A mãe estava inclinada para mostrar à filha uma boneca dentro de uma caixa de papelão rosa. Não podia haver cena mais inocente.

Em seguida, o celular da mãe começou a tocar. Ela tirou-o da bolsa e atendeu.

— Alô? O quê? Você está indo embora? — Ela parecia frustrada e começou a andar, se afastando da criança.

— Veja só o que acontece — disse Francisco, num tom baixinho.

A menininha, hipnotizada pela boneca, não percebeu que a mãe tinha se afastado. Agora, a mãe estava num canto, fora de seu campo de visão, mas ela ainda não tinha notado. Passaram-se trinta segundos até que levantasse a cabeça. Seu queixo tremeu.

Mickey sabia o que ia acontecer. Sem achar a mãe, a menina olhou em volta por um instante e desatou a chorar. A boneca foi esquecida. Saiu correndo, infelizmente na direção errada.

Mickey estremeceu. Não havia como duvidar do desespero da menina, mas ele não podia fazer nada. Se corresse na direção dela, ainda a assustaria mais. Naquele exato instante, a mãe reapareceu.

— Está tudo bem, mamãe já voltou. — Pegou a filha nos braços e a embalou. — Não fui embora, bobinha. Não precisa ficar assustada.

Mas qualquer um podia perceber que a menininha ainda estava paralisada pelo medo. Não parava de berrar e soluçar. A mãe parecia envergonhada e foi embora da loja imediatamente.

— Pavor profundo — disse Francisco. — Nunca me acostumo a essa sensação.

— Não quero parecer um imbecil insensível — declarou Mickey —, mas...

— Mas situações como essa acontecem todos os dias. Eu sei. Para você, não passa de um momento insignificante. Mas ela nunca vai se esquecer. — Francisco se voltou para Mickey. — Você também tem lembranças como essa.

— Acho que sim.

— Deu para compreender a importância dessa situação?

Antes que Mickey pudesse responder, o tom de voz de Francisco abrandou-se. Ele pôs a mão no ombro de Mickey.

— Isso não tem a ver com quem tem medo e quem não tem. O medo é uma das camadas mais sólidas da ilusão. É como se fosse um nevoeiro dentro das pessoas. Se você pudesse penetrar o nevoeiro, veria que do outro lado existe uma coisa incrível. Algo que não é nem capaz de imaginar.

De repente, Mickey teve uma intuição.

– Foi isso o que meu pai viu? Era disso que ele estava tentando me falar?

– O seu pai te amava? – perguntou Francisco.

Mickey ficou perplexo.

– Acho que sim. Não tenho certeza.

– Agora ele te ama plenamente.

Francisco parecia ter certeza disso. Como ele poderia saber? Mickey perguntou:

– Meu pai está falando contigo neste momento? – Sabia da existência de médiuns que se comunicavam com os mortos. Já os tinha visto na TV a cabo, quando ficava zapeando pelos canais de madrugada.

Francisco hesitou.

– Você está fazendo a pergunta errada. Para falar com os mortos é necessário aceitar que eles *estão* mortos. Não estão. A morte é a vida em outra frequência. A música não para só porque não podemos escutá-la.

Ele notou que Mickey não se satisfez com a resposta.

– Tudo o que você quer saber vai ficar claro – acrescentou. – É só deixar o processo se desencadear. Se eu adiantar os fatos, você pode até ficar sabendo qual é a verdade, mas ela não vai ser sua. Eu quero que essa verdade seja sua.

Sem esperar a resposta de Mickey, Francisco se dirigiu à porta. Em seguida, parou por um instante.

– Você sentiu o pavor da menininha? – indagou.

– Acho que sim.

– Acho que todo mundo é capaz de sentir. Você presenciou um momento que aquela menina jamais vai esquecer. Ela vai crescer e escondê-lo, para que não possa ser visto.

Mickey sentiu um calafrio.

– O que foi que a gente falou sobre relaxar?

Caminharam pelo estacionamento até encontrar o carro de Mickey. Francisco se escorou na porta do passageiro, olhando fixo para o chão. Falou baixinho:

– Sei que é difícil para você. O pavor daquela menininha fez com que sentisse seu próprio pavor.

– Meu Deus, esquece isso! – Mickey fitou os olhos insondáveis de Francisco. – Que seja – murmurou, sentando-se no banco de motorista.

De volta à Coast Highway, Mickey começou a se acalmar. Pensou em Larry e na possibilidade de que o pai o amasse mais do que conseguia demonstrar. Uma lembrança lhe veio à mente.

Quanto tinha doze anos, Mickey passou o verão numa colônia de férias. Já tinha ido antes, e estava ansioso para reviver aquilo que adorara no verão anterior: fogueiras, histórias de fantasmas, invasões à colônia das meninas, que ficava na outra margem do lago, onde chegavam de canoa. Mas o ônibus não foi para o lado norte, onde ficava a região dos lagos, e sim para o sul.

Quando Mickey chegou, a primeira coisa que viu foi um homem enorme com uniforme de campanha, ordenando aos berros que as crianças formassem uma fila ao descer do ônibus. As veias saltavam do pescoço grosso; seu rosto estava roxo. Os joelhos de Mickey chacoalhavam de pavor. Ninguém lhe avisara que ia para outra colônia naquelas férias. O pai de Mickey nem deu alguma pista do motivo pelo qual mandara o filho para lá.

Como qualquer criança, Mickey se adaptou. Raspou a cabeça e fez amigos no alojamento. Aprendeu a prender bem o lençol debaixo da cama, como se faz nos hospitais, e a não reclamar das flexões ao amanhecer. Para sua surpresa, quando o ônibus o levou de volta para casa, Mickey já não estava mais com raiva. Estava orgulhoso de ter ficado mais forte; ficou contente pelo pai ter desejado que virasse um machão.

Mas nunca conseguiu responder a questão: por que o pai quis lhe dar tamanho susto?

Será que Larry estava tentando compensá-lo agora?

– Nenhuma dívida neste universo fica sem ser paga – disse Francisco. Parecia sintonizar facilmente os pensamentos de Mickey. – Inclusive as dívidas boas – acrescentou, sorrindo.

Mickey livrou-se das lembranças do campo de treinamento de recrutas para crianças. Fitou Francisco.

– Vou te contar a última piada que fez meu pai rir.

"Um advogado de Wall Street está louco para ser promovido. Ele trabalha sem parar, mas ninguém na firma repara no seu esforço. Uma noite ele não se aguenta e evoca o Diabo.

"'Está bem, dou um jeito de torná-lo sócio', diz o Diabo. 'Mas, em troca, quero as almas da sua esposa, seus filhos, seus netos e de todos os seus amigos.'

"O advogado reflete por um instante. 'Tudo bem, mas o que você quer em troca disso?'"

Um lampejo de deleite surgiu no rosto de Francisco. Ficou pensativo.

– Muitas das suas piadas são sobre coisas das quais você teria medo caso não risse delas – observou.

Mickey queria que o homem simplesmente risse, em vez de tentar ver significado em tudo. Francisco percebeu.

– Você me acha muito sério. Não sou – ele disse. – Estou te tirando das trevas em que te encontrei.

Mickey esperava algum comentário conciliatório. Este não era.

– O que você quer dizer com "trevas"? – indagou.

– O lugar onde você se sente perdido e sozinho.

O rosto de Mickey se contorceu nervosamente.

– Ainda estou nesse lugar?

Francisco fez que sim com a cabeça.

4

Fosse qual fosse o processo, certamente não era relaxante. Mickey chegara em casa havia duas horas quando começou a se sentir atordoado. Balançava o corpo para frente e para trás, depois pegou o telefone e discou.

Um toque. Dois. Três.

Estava ligando para a ex-mulher, Dolores. Quando ela atendesse, diria:

– Acho que o Larry está cuidando de mim. Não estou bêbado, louco, nem nada disso. Simplesmente tenho essa sensação e queria que alguém soubesse.

Depois do quinto toque, veio a mensagem da secretária eletrônica. Mickey deixou o recado. Não que Dolores fosse reagir bem, mas era a única pessoa que com certeza não diria a ninguém que Mickey tinha ficado louco. Dolores tinha problemas com ele, mas deslealdade não era um deles.

E agora?

Todo aquele papo sobre medo havia deixado Mickey incomodado, e não conseguia se livrar dessa sensação. Não tinha apetite. Sentia frio. Ficar sozinho não estava ajudando.

Mickey pegou as chaves do carro. Logo depois já estava na garagem escolhendo entre o Escalade e o velho Porsche, um carro creme de dois lugares com interior de couro vermelho. Foi o primeiro luxo que se permitiu quando teve certeza de que seu sucesso não era uma miragem. Escolheu o Porsche e saiu pelo portão.

Havia um lugar no mundo para onde podia ir. Um lugar onde ele era o rei e o medo não significava nada.

As cabeças se viraram quando Mickey entrou no bar decadente de North Hollywood. O letreiro *Miller Lite* sobre a janela tinha trinta anos e aparentava a idade. Uma bola de espelhos pendia, desamparada, sobre a pista de dança vazia.

Mickey ainda não tinha dado nem dois passos dentro do bar quando o dono chegou correndo.

– Mickey, é você mesmo? Não acredito.

– Oi, Sol. Você ainda faz a noite dos amadores?

– Claro que sim. Toda sexta-feira. Você ainda se lembra? Já deve ter uns quinze anos.

Sol era um figurante aposentado de Hollywood que conseguia muitos trabalhos nos velhos tempos, quando o cinema ainda era cinema.

– Olha só para este rosto – ele dizia. – Posso interpretar italianos, judeus, indianos, qualquer coisa. Uma vez fui convidado para interpretar Geronimo. É o nariz. A câmera adora o meu nariz.

– Você se lembra da minha primeira piada? – perguntou Mickey. Ele apontou para o símbolo da cerveja e recitou. – Você sabe por que os vampiros frequentam este bar? Porque chegam a qualquer hora e pedem um Blood Lite.

Sol balançou a cabeça e riu.

– É. Naquela noite você foi um verdadeiro fiasco.

Mas o fracasso não durou muito tempo. Na época, Mickey tinha dezenove anos, havia abandonado a universidade e usava uma calça jeans rasgada e uma camiseta do Grateful Dead. Não sabia de muita coisa, mas sabia que era engraçado. Um anúncio num jornal jogado fora dizia que havia um microfone aberto nas noites de sexta-feira numa espelunca em North Hollywood. Afinal de contas, junto com montes de comediantes sofríveis, o bar acabou atraindo Mickey.

Ele olhou ao redor. Cerca de um terço das mesas estavam ocupadas.

– Que tal eu fazer meio set? – perguntou Mickey.

O rosto de Sol ficou abatido.

– Hoje não é sexta, Mickey. O lugar está vazio. Você deveria ter me avisado.

Em seguida, Sol se deu conta de que um dos maiores comediantes do showbiz estava em seu bar. Berrou para o barman que desse a Mickey qualquer coisa que desejasse e sumiu. Voltou um minuto depois com um microfone e um pedestal. Mickey pegou os objetos e foi até o canto oposto do ambiente. Deu tapinhas no microfone. Os clientes ergueram os olhos. Ficaram estupefatos.

– Pessoal, essa apresentação é dedicada a Sol, que me deu a primeira oportunidade.

Enquanto Mickey se apresentava, as pessoas usavam seus telefones celulares para tirar fotos e chamar os amigos. Mickey já tinha feito seis piadas quando começaram a surgir novos rostos na plateia. Meia hora depois, o local estava lotado. Riam histericamente. O público o adorava.

Mickey sabia que sua presença ali não passava de uma distração, mas pelo menos estava trabalhando. Sentia-se sublime; as piadas curtas escorregando de sua boca como se fossem de manteiga. Quase chegou a usar os dois enormes cães de guarda numa parte da apresentação. Mas, em vez de falar de cachorros, mirou na religião.

– Acabei de voltar de uma turnê pelo Meio-Oeste. Tem algum luterano aqui esta noite?

Uma mão se ergue lá no fundo.

– Tudo bem, vou falar mais devagar.

Estava tão afiado que poderia ter contado piadas em urdu e ninguém se importaria.

— Meu avô é o homem mais religioso que conheço. Ele diz que se Deus quisesse que os homens voassem, teria nos dados as passagens. — Essa era dos tempos do colegial. Mickey poderia tirá-las do fundo do baú, lembrando de piadas das épocas mais remotas. Sua mente produzia tantas frases engraçadas e trocadilhos que sua boca nem conseguia acompanhá-la.

— As pessoas dizem que Deus não nos escuta, mas ele responde *fé-mail*.

"Todos vocês sabem qual é a Regra de Ouro: quem tem ouro, faz as regras.

"O problema dos fundamentalistas é que 99% deles fazem com que o restante tenha má fama."

Alguma hora ele teria de parar. Queria terminar com uma piada que fizesse a plateia inteira soltar um "Ah...". Uma piada animada e complexa.

— Estudei numa escola católica quando criança. Um dia estava na fila para pegar o almoço e havia uma pilha de maçãs. A freira que estava no comando fez um sinal de advertência com o dedo. "Pegue uma só. Deus está olhando."

"Então peguei uma maçã e a fila andou. Na mesa seguinte havia um monte de cookies de chocolate. Eu não sabia o que fazer.

"'Psssit', o garoto atrás de mim sussurrou. 'Pegue quantos você quiser. Deus está olhando as maçãs.'"

Mickey conseguiu seu "Ah...". E uma salva de palmas.

Quando desceu do palco, Sol correu até ele e o abraçou com os olhos de homem mais velho marejados. Ficaram sentados no bar enquanto o público se aglomerava em volta de Mickey para pedir autógrafos. Ninguém queria ir embora sem lhe pagar um drinque.

Francisco era a última coisa que lhe passava pela cabeça.

Teria sido uma noite perfeita, mas, quando voltou para o carro, encontrou uma multa por estacionar em local proibido presa ao para-brisa. Era inacreditável, e ele começou a espumar de raiva. Que policial idiota era aquele, que dava multas depois da meia-noite?

Porém, ao esticar o braço para arrancar o papel do para-brisa, percebeu que não se tratava de uma multa. Era um papel branco dobrado. Mickey sentiu calafrios ao desdobrá-lo.

Eu guardo seu segredo, você paga o meu preço
Só sou bom quando me dá o que eu mereço
A proteção vale o preço, você há de concordar
A vida vai ser vazia quando ninguém mais te olhar.

Quem sou eu?

Mickey amassou o papel e o atirou à escuridão da noite. Sentiu enjoo. Francisco estava observando. E o intuito da segunda charada era deixar Mickey irritado, obviamente. Por que outro motivo insinuaria chantagem?

Mickey perdeu o sono, obcecado pela charada. Ainda estava na cama, às dez horas da manhã do dia seguinte, quando Dolores retornou sua ligação.

– Tem certeza de que está bem? O recado que você deixou é muito esquisito – disse.

– Você me conhece, estou sempre ótimo – respondeu Mickey. Dolores riu.

– É, conheço. Foi por isso mesmo que liguei.

Não era um comentário mordaz. Dolores ficou instantaneamente atraída por Mickey na primeira vez que se viram. Na época, ele era quase famoso, o que lhe dava uma certa vantagem ao redor de mulheres bonitas. Antes disso, uma morena alta e esbelta como ela estaria fora de sua alçada. Dolores gostou da sua audácia durante o galanteio, e continuou gostando durante muito tempo.

— O que te faz pensar que o Larry está cuidando de você lá do Céu? – perguntou.

— Não sei – disse Mickey, evasivo. – Eu estava com um astral esquisito. Talvez até pela forma como ele morreu, sozinho, sem ninguém por perto.

Dolores sabia da morte do pai dele, mas agora morava em Connecticut. Não teve como ir ao funeral tão em cima da hora.

— Mickey, não quero começar uma discussão – disse. – Mas você nem acredita em vida após a morte. Não vai à igreja. Seu lema é "A vida é uma droga, e termina quando você morre". Se você acha que o Larry está cuidando de você, alguma coisa aconteceu.

— Na verdade, não.

— Tem certeza?

— O.k., o.k. – Mickey respirou fundo. – Acho que o Larry me procurou depois de morto. Ele tinha um recado para me dar.

— Sério?

— Você acha que eu enlouqueci.

— Talvez.

Dolores disse isso com o tom de voz inalterado, como se a situação pudesse ir para um lado ou para o outro. Sempre fora extremamente sensata.

— Qual foi o recado?

— Deus está rindo.

Pausa. Mickey não fazia ideia do que se passava pela cabeça dela.

— O que isso significa? – Dolores perguntou.

— Significa que está tudo bem. Larry quer que a humanidade saiba que a gente se preocupa demais.

— Legal. Mas desde quando a morte torna alguém esperto de um segundo para o outro?

Dolores estava sendo sensata ou tentando ser engraçada? Mickey queria deixar o assunto para lá. Mas agora que tinha se aberto para alguém, não conseguia parar.

— O Larry realmente me atingiu. Porque, para mim, Deus sempre foi um covarde assustador. Tirei essa conclusão quando era criança. Talvez ele não seja o criador de todas as coisas horríveis que há no mundo, mas nem levanta o dedo para dar um jeito nelas.

— Não o encaro assim — disse Dolores. — Não que você queira saber a minha opinião.

O que era verdade. Nunca passou pela cabeça de Mickey que ela tivesse algum interesse em Deus, além do pouco que ele próprio tinha.

— Qual é a sua opinião? — perguntou.

— Você não está interessado nisso.

— Estou, sim. Estou tentando lhe dizer que realmente estou repensando as coisas.

Algo em seu tom de voz — um toque de franqueza, uma rara demonstração de vulnerabilidade — fez com que Dolores prosseguisse.

— Acho que o mundo teve uma oportunidade de ser perfeito, mas a jogou fora. Estamos vivendo com a imundície gerada pelos erros que cometemos no passado. A pilha de lixo ficou tão alta que não conseguimos mais enxergar o outro lado. Estamos pagando pelo crime que cometemos.

Mickey ficou consternado ao ouvi-la.

— Não tinha noção de que você era tão pessimista — disse.

— Não sou. Sou realista. Não acredito em Adão e Eva desde que tinha dezesseis anos, e não ponho a culpa de tudo no Diabo. Mas não é essa a questão, não é? Um mundo caído já teria chegado ao fundo do poço. A gente simplesmente continua a cair. Mas, sei lá por qual motivo, continuo achando que ainda temos jeito.

— Você acredita mesmo nisso?

Ele sentiu a hesitação dela do outro lado da linha.

— Mickey, não me sinto à vontade para falar sobre isso contigo.

— Por que não?

— Você quer mesmo saber?
— Sem dúvida.
Dolores pareceu bastante sóbria nesse momento.
— Você é comediante, e os comediantes tendem a ser implacáveis. Fazem qualquer coisa para arrancar risos. Nunca sei quando você vai me rebaixar. Então decidi, muito tempo atrás, guardar as coisas realmente pessoais só para mim mesma.

Mickey queria lembrá-la dos poucos anos idílicos que passaram juntos. Antes de sequer abrir a boca, lampejou em sua mente a imagem de Dolores escrevendo no diário e o fechando no segundo em que ele entrava no quarto. Dolores doando mil dólares ao orfanato de Madre Teresa na Índia e Mickey lembrando-a de que aquele dinheiro era dele. Dolores falando da Cabala e a expressão do seu rosto quando Mickey debochava disso diante dos amigos.

— Não sabia que você se sentia desse jeito — ele disse, num tom débil.

— Agora ficou tudo para trás, Mickey. Está tudo bem. — A voz de Dolores adquiriu um tom suave. — Parece que você está se fazendo perguntas difíceis. Talvez você esteja até mudando, Mickey.

Conversaram mais alguns minutos. Depois que Dolores desligou o telefone, Mickey se reclinou na cama. Poderia ter afundado numa depressão naquele exato instante, mas a campainha tocou. Mickey pulou da cama para atender, grato pela distração. Ao abrir a porta, viu Francisco na soleira.

— Você está parecendo um homem traumatizado pela guerra — observou Francisco. Ele entrou sem ser convidado.

— Foi minha ex — murmurou Mickey.

— Ela sempre te compreendeu muito bem. Isso era bom, embora você não achasse o mesmo. — Francisco soou como se fizesse um comentário casual; não esperou a reação de Mickey. — Você está com a segunda charada?

— Joguei fora. Ela me deixou irritado.

Francisco deu de ombros.
— Trouxe uma cópia. Então a charada te ofendeu?
— Parecia uma espécie de exigência de suborno. Como deveria entendê-la?
— Cabe a você decidir.

Francisco tirou um papelzinho do bolso da calça cargo. Vestia sempre as mesmas roupas: calça cáqui e camisa azul. Com aquele traje, aparentava austeridade, como um monge que se despisse da túnica.

Ele leu em voz alta.

Eu guardo seu segredo, você paga o meu preço
Só sou bom quando me dá o que eu mereço

Francisco ergueu os olhos.
— O seu segredo é que você se acha uma nulidade, um zé-ninguém. — Ele continuou a leitura.

A proteção vale o preço, você há de concordar
A vida vai ser vazia quando ninguém mais te olhar

Quem sou eu?

— Proteção não é suborno, nesse caso — esclareceu Francisco. — São as suas defesas, o muro que te cerca.
— Não me sinto muito protegido neste instante — resmungou Mickey. Ainda não tinha superado o que Dolores lhe dissera, e agora Francisco estava de volta.

O homem alto dobrou o papel com a charada e entregou-o a Mickey.
— Pus a resposta no verso, caso te interesse.

Mickey virou o papel e leu a única palavra escrita: "Ego."
— Não entendi — disse. — Mas antes que comece a explicar, vamos sair daqui.
— Ótimo. Tem um lugar aonde eu preciso te levar, de qualquer forma.

Mickey não fingiu tratar-se de uma boa notícia, mas eles se dirigiram à garagem. Um minuto depois, já estavam dentro do Escalade, seguindo pela Coast Highway.

— A charada de ontem era sobre o medo, a de hoje é sobre o ego – disse Francisco. – Pergunte a você mesmo: por que as pessoas escolheriam ter medo? O medo faz com que o mundo pareça assustador e inseguro. Se essa ideia não passa de ilusão, para que se agarrar a ela?

— Não sei.

Francisco deu tapinhas no bolso da camiseta de Mickey, onde estava guardado o papelzinho.

— Ego. O ego faz você acreditar que está no controle, que vai conseguir o que quer. Depois de um tempo, o medo sai da sua cabeça. Você tem uma autoimagem para preservar, afinal de contas. É preciso que os outros acreditem nela. É necessário conquistar dinheiro, status, bens materiais e uma família. Enquanto o ego não parar de segurar uma cenoura diante do seu nariz para você tentar agarrar e de criar um drama constante, você nunca vai ter que encarar o que existe sob a superfície.

— Nem todo mundo tem ego inflado – protestou Mickey. Presumiu que Francisco estivesse falando dele.

Francisco balançou a cabeça.

— Não é uma questão de ter ego inflado ou não. Nós precisamos de uma demonstração. É para lá que estamos indo.

Ao longo dos quilômetros seguintes, não havia nada a dizer. Francisco pediu a Mickey que entrasse na rodovia de Santa Mônica, onde pararam num estacionamento municipal. Em seguida, guiou Mickey até um shopping a céu aberto nas redondezas.

— Pronto – disse Francisco. – Quero que vá até as pessoas e lhes conte piadas. É a sua especialidade, então não há nenhuma dificuldade.

— É só isso? – questionou Mickey, cauteloso.

— Só isso.

Mickey não impôs nenhuma resistência. Viu uma mulher de trinta e poucos anos com óculos escuros de grife. Estava olhando vitrines e parecia ser acessível. Mickey foi até ela.

— Com licença — disse. — Hoje estou contando piadas de graça para animar as pessoas. Quer ouvir uma?

A mulher ficou meio assustada, mas assentiu.

Mickey deixou sua mente soltar uma piada qualquer, ao acaso.

— Um homem vai ao médico para fazer um exame retal. O médico diz: "Que estranho. Você está com um morango enfiado no ânus. Mas não se preocupe. Tenho um creme que vai cair bem."

A mulher de óculos escuros fez uma careta.

— Que grosseria. — Ela começou a se afastar.

— Espere — disse Mickey, mas ela já tinha se virado e atravessado a rua às pressas. Ele ficou atordoado. Que piada horrível! Por que foi usar logo essa?

A cinco metros de distância, Francisco acenava com a cabeça, tentando incentivá-lo.

— Ache outra pessoa — sugeriu.

Mickey olhou ao redor. Um casal mais velho caminhava em sua direção. Pareciam calmos, então ele se aproximou.

— Gostaria de lhes contar uma piada — anunciou.

Eles ficaram nervosos.

— Estamos na TV? — a mulher perguntou, olhando em volta.

— Não, por quê?

— Sabemos quem é você. Você é famoso — disse o homem. — Por que viria falar com a gente?

Mickey sentiu uma onda de autoconfiança.

— Está tudo bem, pessoal. Só estou com vontade de contar uma piada. E vou ficar feliz em dar autógrafos depois.

A mulher sorriu, sentindo-se reconfortada.

— Que maravilha — ela disse, e começou a revirar a bolsa em busca de papel e caneta.

— Legal. Essa é só para vocês — disse Mickey. — O que dá quando a gente cruza um rato com um leão? Um rato de quem ninguém tira sarro.

O casal tinha sorrido com a expectativa. Agora os sorrisos davam lugar a uma decepção embaraçosa.

— Esperem — Mickey pediu, apressado. — Essa não passou de um teste.

O casal parecia ter recobrado as esperanças. Mickey sentiu o suor em suas axilas. Ele folheou seu arquivo mental.

O que o tomate foi fazer no banco? Tirar extrato.

Como o elétron atende ao telefone? Próton.

O que a grama disse para o gramo? Estou gramada em você!

De onde vinha esse lixo todo?

— Aguardem um instante — pediu. Forçou sua cabeça a pensar.

Por que a lua não quis comer bolo de chocolate? Porque estava cheia.

O que o chão falou para a cadeira? Fecha as pernas que eu estou vendo tudo!

Mickey estava tonto. Viu a mulher lhe estendendo o papel e a caneta.

— A gente não liga — ela disse. — Só o seu autógrafo já basta.

— Não, não. Agora tenho uma, uma muito boa. — Sentia um alívio enorme. Sua mente estava lhe pregando uma peça, mas agora estava de volta à ativa.

— O que é grande, amarelo e se deita de costas? Um ônibus escolar acidentado.

O homem estava começando a se irritar.

— Você está com um microfone escondido. Está tentando nos fazer de bobos — acusou.

Mickey entrou em pânico.

— De jeito nenhum — disse.

O homem o interrompeu.

– Já vi esse tipo de programa. Muito obrigado. Não estamos interessados.

Segurou o braço da esposa e puxou-a para longe de Mickey. Ela deu uma última olhada por cima do ombro. Mickey via a compaixão em seu olhar.

Francisco havia se aproximado.

– Como você se sentiu?

Mickey se desviou dele, furioso.

– Uma porcaria. Como você acha que me senti? Foi você quem fez isso comigo, não foi?

Francisco abriu as mãos de um jeito inocente.

– Eu estava aqui parado.

Mickey teve vontade de socá-lo, mas foi dominado por uma onda de humilhação.

– Estou quase morrendo – gemeu. – É um desastre.

Seu sustento dependia totalmente de sua graça. Mickey fechou os olhos, tentando se acalmar. Sabia muito bem onde ir para obter seu material.

Por que a vaca foi para o espaço? Para se encontrar com o vácuo.

Por que o homem jogou o relógio pela janela? Porque queria ver o tempo voar.

Ai, meu Deus. Ele se sentia mal fisicamente.

– Recomponha-se – disse Francisco.

Mickey o fitou. Francisco não parecia estar se divertindo às suas custas. Mickey respirou fundo algumas vezes, até que a sensação de estar preso num pesadelo começou a se dissipar.

– O que você estava tentando me ensinar? – ele indagou.

– Seu ego só fica bem quando você está ligado. Quando você está em atividade, está vivo. Eu queria que você sentisse como é estar desligado.

– Não quero ficar desligado – protestou Mickey.

– Eu sei. Isso está na charada. – Francisco recitou os dois últimos versos mais uma vez.

A proteção vale o preço, você há de concordar
A vida vai ser vazia quando ninguém mais te olhar

– Seu ego te prendeu num círculo vicioso – explicou. – Ele te dá o que você deseja, e te faz desejar cada vez mais e mais. Mas o jogo do ego é um barco furado. Você só consegue mantê-lo boiando se o esvaziar antes que ele afunde. E é assim desde o nascimento até a morte. Todo dia, há algo de novo para você ter que correr atrás. No seu caso, o fascínio da aprovação. Quanto mais você consegue, mais quer. A sua ideia de sucesso é um fluxo infinito de pessoas gostando de você.

– E daí?

– E daí que Deus o livre de parar de entrar no jogo do ego. E depois? Você vai ficar apavorado. Com a quietude, as engrenagens da sua mente parariam de funcionar. Uma voz emergiria das trevas, sussurrando no seu ouvido: "Ninguém liga para quem você é. Você é uma nulidade."

– Talvez eu seja uma nulidade – disse Mickey, pesaroso. – Você viu como eu me saí.

– Essa é a sua verdade no momento – concedeu Francisco. – Mas existe outra verdade. Uma bem melhor que essa.

– Estou ouvindo.

– Você não é uma nulidade. Na realidade, você é tudo. Literalmente. Se fosse capaz de não passar o tempo todo ligado, seu ser se expandiria até preencher o universo. Sei que parece inacreditável. Você quer outra demonstração?

Mickey assentiu. Eles se afastaram do shopping a céu aberto e, um instante depois, ele disse:

– Falei para a minha ex que eu estava começando a repensar algumas questões.

– Ela acreditou?

– Aparentemente, ela acha que eu ainda vou ter muito trabalho pela frente.

– Não espere que alguém veja o que está se passando dentro de você – advertiu Francisco. – O processo é íntimo, mas acontece sempre da mesma forma.

– Que forma?

– Quando a dor de ser o mesmo se torna maior que a dor de ser diferente, você muda.

Francisco sorriu, e por um breve instante Mickey viu um rosto por trás do rosto do estranho: o de Larry. O pai estava cuidando dele. Ainda não estava no céu. "Eles" lhe deram permissão para se comunicar com o filho por mais um tempinho.

No instante seguinte, o vislumbre de Larry desapareceu. Francisco tomou a dianteira a caminho do estacionamento, onde estava o carro. Mickey se sentou diante do volante.

– E agora, para onde vamos? – perguntou.

– Precisamos de uma loja especializada, uma loja de roupas femininas.

– Por que você não avisou antes? Há lojas de roupas femininas em tudo quanto é lado.

Francisco balançou a cabeça.

– Nem todas vendem roupas do meu tamanho.

Mickey parou de fazer perguntas. Girou a chave na ignição e o enorme Cadillac roncou, ganhando vida.

5

MICKEY TINHA UMA VAGA IDEIA DE ONDE PODIAM ACHAR ROUpas femininas de tamanho GG, mas não era nisso que estava concentrado.

– Vou voltar a ficar bem, um dia? – indagou.

– Veremos – respondeu Francisco. – No momento, você está tirando umas férias de ser Mickey Fellows.

– Mas é assim que ganho a vida – retrucou Mickey, tentando fazer com que a voz não traísse o pânico que sentia.

– É, mas ele não passa de um personagem que você adotou. O que não é um problema, quando você sabe que está interpretando um personagem. O seu eu verdadeiro não tem nada a ver com ele.

O carro estava parado no sinal vermelho de uma esquina movimentada de Santa Mônica Boulevard. Francisco apontou para uma meia dúzia de pedestres esperando no meio-fio.

– Aquelas pessoas estão tão presas nos seus personagens quanto você.

Ele apontou para um adolescente que esperava o sinal com um skate debaixo do braço; estava parado ao lado de um homem de meia-idade de terno cinza.

– Aquele garoto se vê como um rebelde. Aos olhos dele, o homem de negócios é um vendido. Mas, se você olhar da perspectiva do homem de negócios, o garoto é um preguiçoso, um irresponsável que se nega a crescer. Tudo isso é uma questão de ego. O ego quer se sentir superior. Na realidade, esses dois são iguaizinhos.

Com o sinal para que atravessassem a rua, os pedestres desceram do meio-fio, passando na frente do carro de Mickey.

– Quero que você os veja como iguais – disse Francisco. – Isso mudaria tudo. – Ele lançou um olhar para Mickey. – Você não acredita em mim.

– Só vejo um bando de estranhos. É pouco provável que tenham algo em comum.

– São almas – explicou Francisco. – Para mim, nada mais importa. Ou você é uma pessoa que fica se questionando se tem alma, ou é uma alma que sabe que ser uma pessoa nada tem de real.

Mickey observou o adolescente pulando em cima do skate. Viu os olhares de desprezo que o garoto recebia quando passava correndo perto das outras pessoas. O skatista continuava distraído, perdido no próprio mundo. Antes de chegar ao outro lado da rua, desviou e se embrenhou entre duas fileiras de carros. Buzinas ressoaram até o momento em que ele deu outra guinada e pulou no meio-fio.

– Esses carros não estão buzinando para uma alma – destacou Mickey.

– Você só diz isso porque engole a coisa toda de interpretar papéis, e isso deixa seu ego feliz. Ele investe muito na sua autoimagem. Investe tudo, na verdade.

O sinal ficou verde; Mickey deu partida no Escalade.

– Não quero ser igual a todo mundo. Você chama isso de ego. Eu chamo de ser eu mesmo. Que problema há nisso?

Francisco demorou a explicar. Estava prestando atenção aos centros comerciais e lojas que tomavam a rua.

– Tem uma loja de conveniência ali. Pare o carro.

– Achei que você quisesse uma loja de roupas – retrucou Mickey, mas ele virou num declive do meio-fio.

– No momento, isso aqui é mais importante para você – disse Francisco, saindo do carro. Levou Mickey até a porta da loja.

— Quero que você fique aqui parado — explicou. — Abrindo a porta para qualquer pessoa que entrar ou sair. Chame a atenção delas e, quando elas te notarem, estenda a mão para pedir um trocado.

— O quê? — Mickey não conseguia pensar em nada pior do que fazer o que Francisco pedia.

— Você acha que vai ser humilhado mais uma vez. Tente não presumir nada. Já volto.

Ele se virou e foi embora, deixando Mickey sozinho em seu martírio. Os clientes entravam e saíam da loja num fluxo constante, portanto não havia tempo para refletir sobre a questão. Mickey entregou os pontos. Uma senhora negra se aproximava da loja. Mickey se apressou para chegar antes dela e abrir-lhe a porta. Ele deu um sorriso nervoso. A mulher assentiu e lhe lançou um olhar breve, nada mais. Sua falta de reação foi um alívio.

Meio minuto depois, dois garotos que deviam estar na faculdade estavam saindo da loja. Quando Mickey abriu a porta para eles, forçaram um sorrisinho e foram embora sem olhar para trás. Um entregador estacionou sua van em fila dupla e correu para dentro da loja. Mickey ficou observando-o comprar um cachorro quente e uma Coca-Cola, sem nunca tirar os olhos da van. Ele voltou para o carro correndo sem olhar duas vezes para Mickey.

Nem cinco minutos haviam se passado e Mickey já estava se acalmando. Ainda não tivera coragem de estender a mão para pedir um trocado. Abrir a porta não era nada além de uma cortesia espontânea, um pouco estranha, mas nada que se comparasse ao incômodo de pedir esmolas.

Você vai fazer isso ou não vai?, ele se perguntou.

Uma mulher que se aproximava estava mais bem-vestida que a maioria e falava ao celular. Ao abrir a porta, Mickey estendeu a mão. Ela olhou-a.

— Arrume um emprego.

O fato de que ela interrompeu o telefonema só para falar isso, além do desdém em seu tom de voz, fizeram com que Mickey ruborizasse. Ele quase fugiu, mas logo em seguida chegaram mais duas pessoas. Mickey abriu a porta e estendeu a mão. O casal caiu na gargalhada e passou reto por ele. Por um segundo, pensou ter sido reconhecido. Deve ter sido isso – haviam se deparado com um comediante famoso fazendo uma espécie de número. Mas, no minuto seguinte, ao saírem, o homem lhe deu uma moeda de vinte e cinco centavos.

– Você não me parece precisar disso – ele disse. – Espero que não seja para comprar drogas.

O homem lhe lançou um olhar seriíssimo e depois o casal seguiu seu caminho. De repente, Mickey se deu conta. Nem uma única pessoa o reconhecera, portanto Francisco devia ter razão. Era como tirar férias de ser Mickey Fellows. O pensamento era absorvido enquanto abria a porta. As pessoas iam e vinham. Algumas eram hostis; a maioria era indiferente. Ganhou mais uma moeda de vinte e cinco centavos, duas de dez e quatro de um. Ninguém sabia quem ele era.

Mickey começou a achar essa sensação estranhamente libertadora. Depois de meia hora, parou de se importar com a reação dos clientes. Tornara-se um observador imparcial, um espectador de um desfile passageiro. Era uma experiência inédita. Divertia-se quando alguém olhava para baixo e via seus sapatos italianos feitos à mão, que custavam uma fortuna, e ficava intrigado com a presença de um mendigo com calçados de grife. Um senhor negro e grisalho o olhou com ressentimento, como se Mickey tivesse lhe roubado o emprego. Uma mulher que desceu de um Lexus o examinou de cima a baixo, como se avaliasse um homem com quem pudesse sair.

– No mundo, mas não do mundo.

Mickey se virou ao ouvir a voz de Francisco.

— Acho que você tem razão — ele disse. — Sou apenas mais um na multidão. Ninguém liga para quem eu sou. Era isso o que você queria que eu sentisse?

— Mais ou menos isso.

Francisco segurava uma sacola de compras, reparou Mickey antes de voltar-se para a porta e abri-la para uma senhora que saía com seu bassê.

— Belo cachorrinho — ele disse. — Tem um trocado?

A senhora o olhou com raiva.

— Nojento.

Mickey sorriu para Francisco.

— Não é uma maravilha? Mesmo quando me atiram pedras, não sinto.

— Acabou a diversão. Vamos almoçar.

Ao chegarem ao carro, Francisco jogou a sacola no banco de trás. Quando Mickey entrou, ele perguntou:

— Quanto tempo demorou para que você deixasse de se sentir humilhado?

— Não muito. Uns quinze minutos.

— Parabéns. — Francisco parecia estar mesmo satisfeito. Ambos estavam de bom humor, na verdade. Ao longo de dois dias, Mickey se sentira manipulado. Um estranho se apresentava como uma pessoa mágica e misteriosa. Mickey já estava no showbiz havia muito tempo e não acreditava mais em mágica, e isso o levava a rejeitar também o mistério. Porém, involuntariamente, tinha deixado ambos voltarem à sua vida.

Circularam de carro enquanto ele refletia a respeito.

— Quando você se aproximou de mim, na praia, não me deu muito crédito, não foi?

— Eu vi potencial — disse Francisco.

— Isso não responde a minha pergunta.

— Para mim, você era uma pessoa qualquer.

– Então, do seu ponto de vista, eu era um zé-ninguém. – Mickey se surpreendeu com a própria gargalhada. – Passei minha vida toda tentando ser alguém.

– Você se sentia alguém naquela hora? – indagou Francisco.

– Não. Eu estava de férias, como você mesmo disse. E estava gostando. É exatamente isso o que não consigo superar.

– Você está começando a não se deixar enganar pelas armadilhas do ego. É muito relaxante se livrar das exigências constantes do "eu, mim, meu". Você passa a respirar com mais facilidade – disse Francisco.

– Então o grande segredo é ser um zé-ninguém em tempo integral?

– Não é tão simples assim. Os zés-ninguém também têm ego. Só que o deles é oprimido, enquanto o seu causa estardalhaço.

Mickey poderia ter se ofendido, mas sorriu.

– Que sorte você estar dando um jeito em mim.

Ficou com a sensação de que Francisco não tinha gostado muito desse último comentário, pois ele se calou e ficou olhando pela janela. Mas ele não disse nada além de:

– Me conta uma piada.

– Não posso – disse Mickey. – Você fez alguma coisa com o meu cérebro.

– Tente mesmo assim.

Relutante, Mickey mergulhou no lugar onde achava seu material, um lugar que agora parecia estranhamente oco. Entretanto, uma piada lhe veio à cabeça.

Um mago malvado rapta uma bela princesa e a prende em sua torre. Ela implora de forma comovente para ser solta, e o mago diz:

– Deixo qualquer cavaleiro tentar salvá-la, mas sob uma condição.

Ele aponta para a aniagem imunda que seu cachorro usava como cama.

— *Você tem que fazer um vestido com essa aniagem e usá-lo noite e dia.*

A princesa concorda. Todos os dias, um cavaleiro diferente de armadura reluzente vai à torre onde ela está presa, mas depois de um só olhar, vai embora.

A princesa fica confusa.

— O que há de errado comigo? — pergunta ao mago. — Não sou bela?

— Não é essa a questão — explica ele. — Cavaleiros se recusam a salvar uma donzela capaz de tal ultraje.

— Nada boa — disse Mickey. Por que ele estava tão despreocupado em relação às piadas? Uma hora atrás, a perspectiva de não ter inspiração lhe causava uma enorme ansiedade. Agora, era quase um alívio.

— O que está havendo comigo? — perguntou.

— Você está parado no vão da porta — explicou Francisco. — Às suas costas, está o mundo que você conhece, um mundo que se esconde do medo e obedece aos desejos do ego. Diante de você está uma incógnita. A questão é: você vai ou não passar pela porta?

— Você sabe a resposta?

— Sei.

— Me diga.

— Não posso. Mas posso deixar você dar uma espiada pela soleira da porta. Pare o carro em algum lugar — pediu Francisco.

Mickey parou numa rua lateral repleta de bangalôs e palmeiras. Se estava no meio de uma jornada espiritual — e parecia inegável que sim —, boa parte dela consistia em dirigir e estacionar o carro.

Francisco virou o espelho retrovisor para Mickey.

— Olhe para si mesmo — disse. — Quero que você veja o que está no espelho. Não presuma que já sabe a resposta.

— Mas eu sei — retrucou Mickey.

— Não, há uma pessoa aí que você ainda não conhece. Ela está do outro lado da porta. — Mickey examinou seu reflexo. Francisco

prosseguiu. – Veja alguém que não é engraçado, que não é rico nem famoso. Esqueça que você sabe o nome dele.
– Não está funcionando.
– Concentre-se nos olhos.
O retrovisor era estreito, então quando Mickey se aproximava, só via os olhos. Jamais pensara duas vezes em seus olhos. Mulheres já tinham lhe dito que eram grandes. Durante as apresentações, no palco, sentia que eles se iluminavam.
Não estavam iluminados agora. Os olhos que retribuíam seu olhar eram rasos. Como pedaços de mármore azul acinzentado. Mickey piscou, tentando fazê-los brilhar. Nada mudou. Arregalou as pupilas, tentando aparentar surpresa. Olhou de soslaio, tentando parecer astuto. Era estranho, mas independentemente do que fizesse, não havia ninguém ali. Por trás da íris havia um lugar vazio. Inexpressivo.
Mickey se recostou no banco.
– Chega.
– O que você viu? – perguntou Francisco.
– Nada. Existe alguma resposta certa nesse caso? – indagou Mickey, de repente sentindo-se angustiado.
– Talvez "nada" seja a resposta certa. Pode ser um outro nome para o desconhecido. Acho que você conseguiu dar uma olhada em alguém que desconhece. Não volte atrás. É essa a pessoa que você tem que conhecer.
– Por quê? O desconhecido não me disse nada. Não me mostrou nada.
Mickey estava ressentido. A manhã tinha corrido bem. Sentia-se bem com o que acontecera na loja de conveniência, mas olhar para o espelho estragou o dia, de certa forma. Se tinha encontrado a pessoa que precisava conhecer, o encontro o deixou com uma sensação de vazio.
Sem aviso prévio, a engrenagem de sua cabeça começou a funcionar.

— Espere aí – ele disse. – Um médico indiano havia acabado de chegar aos Estados Unidos. Foi convidado para um coquetel chique com a esposa, que não falava nenhuma palavra em inglês. O anfitrião se aproximou do casal e disse: "Vocês têm filhos?"

"'Ah, não', respondeu o médico. 'A minha esposa é histérica.' O anfitrião ficou confuso. O médico indiano foi ficando nervoso. 'Eu quis dizer que ela é inconcebível.'

"O anfitrião ficou totalmente perplexo. Frustrado, o médico indiano berrou: 'Será que você não entende? Minha esposa não está grave!'"

Mickey riu da própria piada e, ao olhar para Francisco, viu que ele também ria.

— Minhas férias acabaram, não é? – disse. Francisco assentiu. Mickey tinha voltado a funcionar. Deveria ficar grato por isso? Naquele momento, não conseguia decidir se sim ou não.

Quando Francisco comentou que eles deveriam almoçar, Mickey não imaginou que ele estivesse falando do Bel-Air Hotel. Mas agora estavam estacionando o carro lá, diante da vastidão de folhagens exuberantes e porteiros vestidos com fraques igualmente caros.

— Você tem certeza de que quer ir aí? – indagou Mickey. Um manobrista uniformizado se aproximava.

— Quero, sim. Só me deixe fazer uma coisinha antes – pediu Francisco.

O manobrista abriu a porta do motorista e entregou um ticket a Mickey. Com um só olhar, reconheceu-o.

— Seja bem-vindo, senhor Fellows – murmurou, naquele tom gentil usado para acalmar celebridades. Sem nenhum aviso, sua fala foi seguida por uma sobrancelha erguida. Mickey olhou por cima do ombro.

Francisco tinha pegado a sacola de compras no banco de trás e tirado uma caixa de sapatos. Agora, segurava um par de sapatos vermelhos de salto alto. Eram enormes.

– Você não vai usar isso aí – disse Mickey.

– Só o pé direito. – Com muita tranquilidade, como se o manobrista não o observasse com um olhar apatetado, Francisco descalçou a sandália do pé direito e substituiu-a pelo salto.

– Apertado – comentou. – Mas chegou perto. – Pôs o outro pé de sapato na caixa.

Mickey ficou tão aturdido que nem conseguia falar. Francisco abriu a porta e saiu do carro. Deu um passo e quase caiu.

– Você vai ter que me ajudar – disse.

Mickey enfiou a mão no bolso, achou uma nota de vinte dólares e colocou-a na mão do manobrista. O funcionário apagou a expressão de espanto do rosto.

– Vá embora – pediu Mickey.

Quando o carro foi levado embora, ele chegou perto de Francisco.

– Você não vai fazer isso, não. Você está ridículo.

Francisco agarrou o braço de Mickey e cambaleou até a entrada do hotel.

– Por que você está se importando com isso? – disse. – Eu é que tenho que me equilibrar num salto agulha. Você deveria tentar uma hora dessas.

Era evidente que ele estava se divertindo. Mickey abaixou a cabeça, evitando os olhares dos dois porteiros diante deles. Assim como o manobrista, eles murmuraram:

– É um prazer revê-lo, senhor Fellows.

Mancando com o seu único sapato de salto, Francisco entrou no restaurante, um refúgio suntuoso cheio de cristais e veludo.

– Uma mesa no meio do salão – ele pediu ao maître, que lançou um olhar curioso para Mickey.

Mickey assentiu, fechando a cara. Foram conduzidos a uma mesa grande com uma boa visão do salão inteiro. Era difícil ignorar a imagem de um homem alto com barba em forma de espada oscilando sobre um salto agulha vermelho. Havia risos contidos. Francisco estremeceu ao se sentar.

– Esse sapato pinica. – Tirou o salto do pé e colocou-o numa cadeira vazia a seu lado. Brilhava como um sinal de trânsito que indica uma parada. Os risos contidos ficaram mais altos.

– Estão rindo – destacou. – Acho que seria uma boa ideia você colocar essa cena nas suas apresentações.

– Há risos bons e risos ruins – resmungou Mickey. Ele recusou o cardápio oferecido pelo garçom com um gesto. – Me traga algum peixe. Estamos com pressa. – Percebeu que Francisco estava examinando o cardápio, que tinha várias folhas. – Não prolongue a situação – pediu, azedo.

Francisco o ignorou e pediu entrada e prato principal, acompanhados de uma taça de Chardonnay.

– Você ama o riso bom e odeia o riso ruim, é isso? – perguntou, depois que o garçom se foi.

– Vá direto ao ponto – disse Mickey, com rispidez.

– O seu ego tenta te fortalecer. Faz com que você se sinta especial e protegido. Mas o que está acontecendo de verdade? Você acabou se tornando extremamente inseguro. – Ele indicou as outras mesas do salão. – Pessoas completamente desconhecidas riem de você e, de repente, a fachada desmorona. Você nunca esteve protegido. Nunca esteve seguro.

Quando o garçom voltou com um prato de salmão cozido, Mickey já tinha perdido o apetite.

– Você tem razão. Sou inseguro – admitiu. – Mas você me assusta. Se eu desse ouvidos a você, tudo o que construí desmoronaria. E depois, eu faria o quê?

– Não tem nada de errado no que você faz – disse Francisco. – Você conta piadas. Piadas pegam as pessoas desprevenidas e as fazem rir. Isso não é felicidade de fato, mas pelo menos oferece uma pista.

– O que é felicidade de fato? – perguntou Mickey.

– É estar em união com a sua alma – explicou Francisco, sem hesitar.

– O.k., então o que é a alma?

– Tudo o que não é ego.

Mickey balançou a cabeça.

– Como você sabe tudo isso?

Francisco se divertiu com a pergunta.

– Já faz um tempo que você vem se perguntando isso. – Ele se inclinou na direção de Mickey e abaixou a voz, num sussurro conspiratório. – Vou lhe contar o meu segredo. Você está preparado? Não sou uma pessoa.

– Que espécie de segredo é esse?

– Um segredo muito importante. Quando entramos neste restaurante, eu estava agindo como um bobo. As pessoas caíram no riso. Para você, era um riso ruim, pois estavam rindo de mim. Só de estar perto de mim, você já ficou envergonhado. Você virou um bobo por associação.

– Foi inevitável.

– Eu sei. Você é uma pessoa que acha que ele pode ter uma alma. Eu sou uma alma que acha que ele está interpretando o papel de uma pessoa. Essas pessoas não estavam rindo de mim. Estavam rindo da minha atuação.

A explicação fez sentido para Mickey.

– Na loja de conveniência, interpretei o papel de mendigo. Não sou um mendigo de verdade. Então, depois de um tempo, consegui me desligar do personagem.

– Está vendo? – confirmou Francisco.

O astral de Mickey melhorou tanto que ele conseguiu comer. A comida estava deliciosa e lhe deu tempo para pensar. Depois de um instante, disse:

– Então você não interpreta nenhum personagem?

– Não, a não ser quando escolho interpretar. E quando interpreto um personagem, sei que meu verdadeiro eu não está atuando. Está assistindo, um pouco envolvido, mas em essência ficando no próprio canto.

Mickey recordou-se das pessoas que o insultaram quando abriu a porta da loja e pediu um trocado. Uma o chamou de nojento, outro disse que deveria arrumar um emprego. As farpas não o machucaram, e agora sabia por quê. Talvez estivesse completamente desprendido. Interpretar um personagem o deixava seguro quando não se identificava com o papel.

– Acho que o processo está funcionando – disse. – Mas tenho que ser sincero. Ainda não sei do que se trata o tal processo.

– Vou lhe mostrar agora mesmo – disse Francisco. Diante dele, havia duas taças, uma cheia de água e outra de vinho. – Pedi vinho branco por um bom motivo. Observe.

Levantou as duas taças e, com muito cuidado, despejou o líquido de uma na outra, depois pôs o líquido de volta na primeira taça, até que o vinho e a água se misturaram por completo.

– Agora não dá mais para saber qual é um e qual é o outro. Então, o que aconteceria se eu quisesse separá-los de novo? Como eu conseguiria colocar a água numa taça e o vinho na outra?

Mickey balançou a cabeça.

– Não dá.

– Isso mesmo. Mas, com o processo, dá. Sua alma e seu ego são tão indistinguíveis quanto o vinho branco e a água. É por isso que as pessoas estão tão confusas. Vagam pela vida procurando suas almas quando elas estão bem ali, o tempo todo. Falam sobre perder a alma, algo completamente impossível. Acreditam que o espírito delas irá para o Céu quando morrerem, mas o espírito já está em todos os lugares.

"Em outras palavras, a alma é um mistério. Não pode ser achada ou perdida. Não está nem aqui nem lá fora. Pertence a você, mas também pertence a Deus. Sem um processo, ninguém é capaz de chegar à sua essência."

Tais palavras causaram grande impressão em Mickey. Não era a primeira vez que tinha vontade de segurar Francisco pelo braço e perguntar: "Quem é você?" Ao ver a expressão de espanto em seu rosto, Francisco sorriu.

– Não fique angustiado. Não sou o segundo messias, ou seja lá o que você pensa que eu sou.

Terminaram a refeição em silêncio. Ao saírem do hotel e caminharem até os manobristas, Mickey sentiu-se diferente. Não havia um termo preciso para descrever o que estava acontecendo. Francisco captou sua sensação.

– Você está procurando um rótulo. Não faça isso. Não há como dar um nome ao processo. Ele é invisível, mas é todo-poderoso. Altera tudo o que você diz e faz, mas nada do que você diz e faz é parte dele.

Naquele instante, o que Mickey ouvia condizia com a sua sensação inefável. Ele vagava dentro de um mistério. Mas depois que trouxeram seu carro e eles seguiram pelo Sunset em direção à costa litorânea, Mickey perdeu a sensação de assombro. Era como uma teia de aranha, etérea demais para servir de apoio. Francisco também captou esse sentimento.

– Você não tem como dominar o processo – disse. – Não pode segurá-lo nas mãos, assim como é impossível segurar o aroma do mar. O processo ocorre totalmente no presente. Está aqui um instante e, no seguinte, já desapareceu. Bom, tenho uma piada para lhe contar.

"Uma menininha é levada a um restaurante pelos pais. O garçom fica esperando enquanto eles leem o cardápio. A menina diz: 'Eu quero um hambúrguer.'

"A mãe olha para o pai. 'Que tal uma salada grega?'

"'Ótimo', ele responde.

"'Vamos querer três saladas gregas', a mãe fala para o garçom.

"Virando-se para a cozinha, o garçom grita: 'Duas saladas gregas e um hambúrguer.'

"'Olha, mamãe', a menininha exclama. 'Ele acha que eu sou de verdade!'"

Passado um instante, Mickey disse:

— Então, você acha que eu sou de verdade?

— Acho, mesmo que não seja.

Aquele pensamento fez com que Mickey se sentisse melhor. O sol batia, quente, em seu rosto. O céu não tinha nuvens e estava claro. Ele riu com gosto da piada de Francisco, e por um breve instante pareceu-lhe que tudo ao seu redor ria junto.

6

A EUFORIA DE MICKEY NÃO SE DISSIPOU POR COMPLETO enquanto estavam no carro. Sentia-se zonzo e tinha que prestar atenção à rodovia. Sempre que surgia uma curva mais aberta no Sunset Boulevard, parecia que o carro estava virando um planador. Como se pudesse precipitar-se no ar e apanhar a brisa seguinte.

– Isso é irreal – Mickey murmurou baixinho.
– Seria mais irreal ainda não se sentir assim – disse Francisco.
– Esse é o seu êxtase. Aproveite-o.

Através da janela, Mickey olhou o fluxo de carros correndo em ambas as direções e as belas casas de estuque que ficavam para trás. Já tinha ouvido falar em experiências extracorpóreas. Ficou imaginando se era isso o que estava vivendo. Os dois ficaram calados, e parecia que a faixa de estrada se estenderia eternamente. O Sunset Boulevard desaparecia no oceano. O sol ocidental batia bem nos olhos de Mickey, e o brilho o fazia piscar.

– Estou caindo. Sinto que estou caindo – disse.

Francisco olhou para ele.

– Não se preocupe. Deslize mais um tempinho. Não estamos com pressa nenhuma para aterrissar.

A sensação de que não estava dirigindo, mas apenas observando a pista se estender à sua frente continuou a confundir Mickey. Aos poucos, porém, voltou ao que pensava ser seus sentidos.

— Por que tudo isso está acontecendo comigo? – indagou, virando-se para Francisco. – Preciso saber.

— Estou apenas interpretando o meu papel – disse Francisco. – É como uma brincadeira de pique-pega. Eu te achei, assim como me acharam um dia.

Era a primeira vez que ele fazia referência à sua vida pessoal. Mickey aproveitou a oportunidade.

— Alguém te abordou na praia?

— Não, no trabalho. Eu era empreiteiro. Um estranho apareceu na obra. Eu fiquei incomodado, mas pouco tempo depois isso perdeu a importância. – Francisco percebeu a curiosidade nos olhos de Mickey. – Nada do que aconteceu antes tem muita importância. Você vai ver.

Uma hora antes, Mickey teria se assustado ao ouvir tal comentário. Uma parte dele tinha aceitado o processo, mas a outra mantinha viva a crença de que voltaria à sua vida normal no momento que quisesse. Mas seu conceito de normalidade estava mudando, e agora já não estava tão assustado.

— O processo dura a vida inteira? – perguntou.

— Sim, mas vai se modificando. Quando comecei, senti tanto medo quanto você. Assim como você, resisti, embora não tivesse um ego tão inflado quanto o seu. Sem ofensa. E não se preocupe. Quando o processo terminar, ele também vai desaparecer.

De repente, essa perspectiva pareceu-lhe a melhor notícia que já tinha recebido na vida.

— Quero seguir em frente – disse Mickey. – Dá para apressar o processo?

Francisco achou graça.

— Você pode acabar queimando as sobrancelhas e derretendo suas asas. Seja cauteloso.

— Você foi cauteloso?

Francisco fez que não com a cabeça.

— Não. Saí dos trilhos por um tempo. Meu guia ficou preocupado.

Agora que tinham chegado à praia, Mickey esperava virar para o sul, a direção de sua casa. Francisco apontou para o mercado que havia na esquina.

— Pare aí.

Mickey saiu da pista e estacionou.

— Quem foi o seu guia?

— O nome dele era Martin. Ele era uma escola de mistérios. O que ele sabia sobre a vida... — Francisco se interrompeu.

Virou-se para Mickey.

— Nada disso é mágico. Guias não são magos. Não veem de um outro mundo — explicou. — Eles simplesmente acendem um fósforo no meio das trevas, ou nos mostram um ponto de partida. De qualquer forma, você e eu ainda temos negócios a resolver.

Francisco entregou a Mickey um papel que tirara de dentro do bolso da camiseta. Ele disse:

— A felicidade chega e vai embora, a não ser que você a agarre. É esse o próximo passo. — Ele observou Mickey desdobrando o papel e lendo a última charada.

Hoje você me ama, amanhã me detesta
Mas ao ver isca e anzol você faz festa
Depois tenta escapar, por que seria diferente?
A rede que eu jogo é cilada permanente

Mickey franziu a testa.

— Não entendi. É sobre desejos ou alguma coisa assim.

— Chegou perto. — Francisco pegou a charada e escreveu uma palavra no verso: Vício.

Mickey balançou a cabeça.

— Não sou viciado. Nunca dei entrada numa clínica de reabilitação, nem para chamar a atenção da imprensa.

— Não se trata de drogas, sexo, álcool. Sabe essa sensação de plena felicidade que você acabou de experimentar? Ela passa porque você sempre volta ao seu velho eu. Esse é o pior vício de todos. Enquanto desejar seu velho eu, você não será capaz de entrar em contato com o desconhecido.

— Então sou viciado em mim mesmo?

— Você é viciado no seu *velho* eu. Todo mundo é. — Francisco olhou na direção de um ponto de ônibus. — Continuaremos em breve. Tenho que ir.

Mickey não queria ser deixado apenas com algumas pistas frustrantes.

— Espere. Você não vai me dizer como faço para sair dessa?

Francisco já tinha saído do carro.

— Já está na hora de você se virar sozinho.

— O que você quer dizer com isso? — Mickey perguntou, emburrado.

Francisco se inclinou para falar com Mickey pela janela do passageiro.

— Ânimo! Você está no caminho certo. — Olhando por cima do ombro, viu um ônibus desacelerando para parar no meio-fio. Ele pediu: — Conte uma piada rápida para eu ir embora. Tem que ser rápido, antes que eu perca o ônibus.

— Você sabe a diferença entre um bar e uma farmácia? — disse Mickey. — Estoque menor.

— Essa foi meio sem graça. Agora vá para casa e se olhe no espelho outra vez. Você vai conhecer uma pessoa que tem as respostas que você quer.

Francisco correu até o ônibus, de onde o último passageiro havia acabado de descer. Ele entrou, e, depois que as portas se fecharam, Mickey o viu andando pelo corredor à procura de um lugar para sentar. Quantos passageiros tinham noção de quem estava entre eles?

POR QUE DEUS ESTÁ RINDO?

* * *

Mickey pensou que iria se olhar no espelho, mas ao chegar em casa, protelou a tarefa. Sentia-se triste. Payback passara o dia sozinha, confinada dentro de casa. Ela pulou nele com ganidos histéricos. Mickey pôs comida para ela e depois filou restos de sushi e uma cerveja que estavam guardados na geladeira. Havia sete recados na secretária eletrônica. Não estava a fim de responder nenhum deles, exceto o de sua agente.

– O que está havendo? – Alicia perguntou quando ele retornou a ligação.

– Você acha que sou viciado?

– O quê?

Mickey repetiu a pergunta.

– Você é viciado, sim – respondeu Alicia. – Em dinheiro, aprovação e chocolate, assim como todo mundo. A não ser que esteja falando de coisas pesadas.

– Algo mais?

– Deixe-me pensar. Uísque *single malt*, golfe e contar piadas. Devo continuar?

– Não sabia que você me achava engraçado – disse Mickey.

– De vez em quando. O que está havendo contigo? Você está diferente.

Arrumei um bico numa escola de mistérios. Um completo desconhecido me pegou para calouro. Ele acha que na semana que vem já vou estar pronto para voar.

Mickey não fez nenhuma alusão aos seus pensamentos.

– Tenho tentado relaxar. Estou trabalhando em algumas piadas curtas – disse, antes de recitar umas duas.

"Ter a consciência limpa é o primeiro indício de que você está perdendo a memória.

"Lanterna é um instrumento usado para achar pilhas acabadas na escuridão."

Mastigando em vão o sushi, Mickey abriu a porta de vidro e foi com seu celular até o deque. Estava ansioso por fazer Alicia rir de verdade.

– Esqueça essas. Lá vai uma boa piada – anunciou.

"Uma operadora do telefone para emergências recebe uma ligação de um homem desesperado. 'Estou numa caçada e por acidente atirei no meu amigo.'

"A operadora diz: 'A primeira medida que temos que tomar é ter certeza de que ele está morto.'

"Ela ouve um estrondo alto, em seguida o homem volta ao telefone. 'Pronto', ele diz. 'Ele está morto. E agora?'"

Alicia soltou um suspiro abafado que podia significar deleite. Recomendou a Mickey que continuasse trabalhando e desligou o telefone. Mickey já tinha perdido a vontade de assistir ao pôr do sol. Estava voltando ao seu velho eu. Francisco lhe dissera que esse era seu vício e agora Alicia tinha mais ou menos encerrado o caso. Ele se levantou e enxotou Payback para dentro de casa, fechando a porta de vidro.

Olhe para o espelho outra vez. Você vai conhecer uma pessoa que tem as respostas que você quer.

Tinha chegado a hora. Mickey achou um espelho no lavabo perto da entrada. Debruçou-se sobre a pia e olhou fixo para o reflexo. Apertando os olhos, concentrou-se, esperando que algo acontecesse.

Nada aconteceu.

Talvez a questão não fosse se concentrar. Mickey sorriu para sua imagem.

– Como vai? Eu também estou ótimo. Obrigado por perguntar.
– Os olhos que o encaravam não eram rasos e vazios como no espelho do carro. Essa era a parte boa. Ele relaxou e fitou seu olhar mais uma vez. Alguns minutos se passaram.

Ficou entediado.

Porém, se desistisse agora, não obteria nenhum resultado visível pelo esforço que estava fazendo. Mickey se aproximou mais de seu reflexo. Fingiu ser um optometrista observando os olhos com um aparelho, concentrando-se bem nas pupilas...

As pupilas se alargaram. Em seguida, um olho, o direito, continuou se dilatando, de tal forma que Mickey pensou que a íris ia desaparecer. Por mais bizarro que aquilo fosse, manteve a calma. Só então percebeu que a pupila não estava se alargando – era ele que mergulhava no seu ponto crescente de escuridão. Quando ela começou a envolvê-lo, Mickey lembrou-se de uma imagem que vira na TV quando criança: Zorro agitando a capa preta no ar. A capa estendeu-se sobre Mickey como o cair da noite, e depois tudo ficou negro.

– Oi? – ele chamou. Sua voz ecoou como se estivesse num auditório vazio.

– Oi?

Como resposta, um ponto de luz minúsculo surgiu à distância. Não tendo mais aonde ir, Mickey seguiu em sua direção. Ao se aproximar, entendeu o que era aquilo. Uma lanterna. O homem que a segurava estava sentado em um banquinho.

– Cuidado, garotão – alertou o homem. – O gelo está escorregadio e não é muito grosso.

Era Larry.

Mickey correu até ele, ouvindo o gelo rangendo sob seus pés.

– O que você está fazendo? – perguntou, embora já soubesse. Um homem sentado num banquinho olhando fixo para um buraco no gelo devia estar pescando. Quando Mickey era pequeno, esse era o passatempo preferido de Larry no inverno. Lembrava-se do pai arrastando-o para fora de sua cama quentinha e dirigindo a antiga pickup Ford até um lago abandonado em Wisconsin.

– Virei um pescador de homens – declarou Larry, puxando a linha.

— Sério? — perguntou Mickey.

— Eu te peguei, não peguei?

Larry soava tanto como ele mesmo que Mickey teve que se segurar para não estender o braço e tocá-lo, para ter certeza de que ele era real. Mas seus instintos lhe diziam para não fazê-lo.

O pai balançou a lanterna na escuridão. O feixe de luz parou num segundo banquinho, do outro lado do buraco. Mickey sentou-se.

— Acho que é ilícito usar lanterna — comentou.

— Essas malditas almas só mordem assim — explicou Larry. Ele abriu um sorriso. — Que nem lúcios.

Talvez por ser a segunda vez, Mickey não ficou nem um pouco surpreso em ver Larry. Estava tranquilo, porém frio, feliz por passar um tempo com o pai, mas nem de longe apreciando a pescaria. Era idêntico a quando tinha dez anos.

— Tudo muda e nada muda, não é, garotão?

— Você ainda está no limbo?

Larry deu de ombros.

— Não tem problema. Vou sair dele assim que parar de me preocupar contigo.

A notícia deixou Mickey confuso.

— Pode parar de se preocupar — disse. — Vá para onde você precisa ir.

— Sossega. Não estou na prisão. Você não veio me perguntar alguma coisa?

— Vim perguntar algo a alguém — respondeu Mickey, ainda em dúvida.

— Pergunte ao seu velho. — Larry olhou para o filho e leu a expressão no seu rosto. — Nós nunca fomos de conversar muito. Eu me arrependo disso.

— Eu também podia ter tentado mais — disse Mickey.

Larry suspirou.

— Lembra daquele dia em que você foi cortado do time de beisebol da escola? Você era muito bom para o seu tamanho, mas eles queriam jogadores maiores para os times universitários. Você tinha habilidade, mas não tinha o físico ideal. Você ficou arrasado.

— Isso já faz tanto tempo.

— Quando você erra, o erro permanece no presente, não importa quanto tempo passe.

— O que eu fiz de errado? — indagou Mickey.

— Não foi você, fui eu. — Larry ficou mexendo na linha de pesca, pensando em alguma coisa. — Você queria que eu o confortasse, só que eu não sabia como. Você correu na minha direção como fazia quando tinha uns oito ou nove anos, e tentou me abraçar. Só pensava que você já era grande demais para isso. Eu o afastei de mim. Lembra-se?

— Você falou: "Se você quer um abraço, vá abraçar sua mãe" — completou Mickey. — Não foi nada de mais.

— Foi, sim. — Larry hesitou. — Cortei o laço que existia entre nós. O pior é que eu sabia disso. Senti que nossa relação nunca mais seria a mesma. Eu amava você, caramba, e o afastei. Para quê?

A melancolia na voz do pai causou um nó na garganta de Mickey.

— Filhos vão embora, pai.

— Você não voltou. É verdade que temos que deixar os filhos irem embora. Mas só quando os dois sabem que é a atitude certa, e sempre de tal forma que o filho possa voltar.

O que Mickey poderia dizer? Assustava-o pensar que Larry estava no limbo por causa desse sentimento de culpa. Antes que pudesse abrir a boca, a tristeza de seu pai foi embora assim como chegou, de súbito.

— Não há motivo para preocupação. Eu precisava lhe dizer isso, mas agora já passou. — Larry olhou para cima e examinou as trevas. — Você não pode vê-los, mas eles ajudam de verdade. O pessoal de Deus, quero dizer. – Ele tossiu e seu corpo deu uma leve tremida. – Onde eu estava? Ah, sim, na pergunta que você queria me fazer.

Mickey ainda não tinha se recuperado da confissão do pai. Quando estava vivo, o pai era um homem à moda antiga. Não demonstrava sentimentos. Quando dava um abraço, era um abraço de homem, em que você põe um braço em volta do ombro do outro e lhe dá uns tapinhas relutantes.

– Me dá um minutinho – pediu Mickey.

– Está bem. Quer ouvir a piada preferida de Deus? – indagou Larry.

– Claro.

Larry ficou com a coluna ereta e olhou bem nos olhos de Mickey.

– Pecado – ele disse. E começou a rir, sem dizer mais nada.

– Essa é a piada?

– Isso mesmo. Toda vez que Deus ouve que as pessoas acreditam em pecado, ele cai na gargalhada.

– E você escuta o riso dele.

– Com todas as forças – disse Larry. Então, ele se deu conta: – Atualmente, tenho tempo livre demais. – Ele puxou a linha para fora da água e enrolou-a em volta de sua mão enluvada. Mickey percebeu que a linha não tinha nem isca nem anzol. – Não importa. De qualquer forma, as almas não estão mordendo.

Ele recolheu seus equipamentos e se levantou.

– Então, é agora ou nunca, garotão. Faça a pergunta. Vou ter que ir embora já, já.

Seu tom estava mais ameno, mas Mickey sabia que ele queria se redimir dos seus erros. O arrependimento pairava sobre ele como a névoa que emergia do gelo. Mickey não esperava nenhuma resposta, mas mesmo assim fez a pergunta.

– Estou preso em mim mesmo, no meu modo de fazer as coisas – disse. – Não amo o meu jeito de ser, mas sou viciado nele, e não sei como parar.

— É fácil — declarou Larry, parecendo aliviado. — Achei que você ia me perguntar como reconquistar sua mulher. Ninguém pode te ajudar nisso.
— Me ajude nisso aqui — implorou Mickey.
— Está bem. Está prestando atenção? — Larry pigarreou. — Você continua insistindo em coisas que nunca funcionaram. Não faça isso.
— O quê?
— Vícios são substitutos artificiais. Você está preso a coisas que nunca retornam o resultado que você deseja. Você não pode ter rosas de verdade, então compra rosas de plástico. Não consegue ter pensamentos doces, então devora açúcar. Não consegue descobrir como ser feliz, então faz os outros rirem.
— Quando é que vou parar com isso?
— Boa pergunta.
Larry parecia cada vez mais inquieto. De tempos em tempos, olhava para a noite à volta por cima do ombro.
— Estou indo, estou indo — disse, impaciente.
Ele virou-se para Mickey.
— Eles me deram acesso limitado. Acho que já lhe disse isso na primeira vez. Fazer o quê, não é? — Deu de ombros e começou a se afastar, suas pesadas botas de borracha fazendo o gelo vergar-se.
Mickey chamou-o.
— Por que você não apareceu na TV? Eu ainda acredito em televisão, como você mesmo disse.
Larry não olhou para trás.
— Não se preocupe. Você também acredita nas trevas.
E então ele desapareceu.

MICKEY VOLTOU SEM perceber como. Em um minuto estava no gelo em meio à escuridão, e no minuto seguinte estava de novo diante do espelho. Era um mistério, mais um na fila para ser solucionado. Os mistérios estavam formando uma pilha grande em volta dele nos últimos tempos.

Voltou à cozinha, onde deixara o restante do sushi e de cerveja. Mickey sentia-se calmo. A casa parecia rodeá-lo com seu silêncio. Payback o olhava, deitada em sua caminha atoalhada ao lado do fogão, ganindo e balançando o rabo. Mickey foi até ela. Sussurrou em seu ouvido:

– Você já ouviu falar do disléxico paranoico? Ele tinha certeza de que estava seguindo alguém.

Payback latiu e deu uma mordidela em seu nariz.

– Tudo bem. Morda o quanto quiser. Em termos de anos caninos, já estou morto.

Mickey não sabia por que estava tão bem-humorado. Sentou-se diante da bancada da cozinha e bebeu a cerveja, sem pensar em nada. Mas as palavras de Larry voltaram à sua mente.

Você continua insistindo em coisas que nunca funcionaram.

Tudo bem. E agora?

Francisco lhe dissera que já estava na hora de se virar sozinho. E era o que Mickey queria fazer. Há muito tempo ansiava por uma vida diferente. Foi preciso que Larry morresse para que se desse conta disso. Mas como poderia se livrar do seu vício?

Mickey atirou a lata de cerveja vazia no lixo e pegou Payback no colo.

– Vem cá, menina. Você e eu.

Mal passava das dez horas quando ele e a cadela se instalaram na cama. Mickey pegou o controle remoto e ficou trocando de canal. O que chamou sua atenção foi uma imagem conhecida. Um helicóptero suspenso sobre a Estrada 405. Lá embaixo, os policiais perseguiam um veículo esportivo roubado. Mickey aumentou o som.

– O que começou como uma perseguição em alta velocidade algumas horas atrás virou um cansativo teste de resistência em câmera lenta – o âncora comentou, enquanto exibiam imagens do helicóptero. – O suspeito, agora identificado como Alberto Rodriguez, estava fugindo para a fronteira mexicana. Agora ele parece estar fazendo a polícia girar em círculos.

Pela tomada panorâmica, parecia que o carro rastejava com dificuldade pela pista, seguido por cinco carros de polícia. Mickey já tinha visto imagens assim. Mas dessa vez se imaginou na posição de motorista. O que ele estava pensando? O final da perseguição era inevitável. A gasolina acabaria, o carro enguiçaria e a polícia iria se aproximar.

O motorista simplesmente insistia no que desde o início não tinha funcionado.

Mickey apertou o botão que emudecia a televisão e telefonou para a mãe. Era meia-noite em Chicago, mas ela dormia tarde.

– Alô?

– Mãe, sou eu.

Sua mãe pareceu surpresa. Tinham se falado logo depois da morte de Larry. Ela não compareceu ao funeral. O segundo marido não queria que fosse e, de qualquer jeito, não falava com Larry havia vinte anos.

– Aconteceu alguma coisa? – perguntou.

– Não, mãe, está tudo bem. Queria lhe fazer uma pergunta. Por que você e o Larry brigavam tanto?

– Você vem me perguntar isso agora? Já faz tanto tempo. Nem me lembro.

– Mas você se lembra das brigas?

– Claro que sim, meu Deus. Era horrível. Nós dois tínhamos pavio curto. – Seu tom de voz ficou áspero. – Você realmente precisa falar disso neste minuto?

Mickey sabia que a mãe estava incomodada, mas não conseguia tirar a imagem da perseguição em câmera lenta de sua cabeça.

– Você não via para onde isso estava indo? – ele disse. – Pessoas que não param de brigar acabam se divorciando.

— Me desculpe, querido.

— Não foi isso o que eu quis dizer. Não consigo entender por que vocês não tentaram agir de outra forma.

— Não estou entendendo aonde você quer chegar.

— Nenhum dos dois ia ganhar a briga, mas mesmo assim vocês não paravam de se alfinetar.

— Querido, não quero atirar pedras, mas você e a Dolores também se divorciaram. Vocês brigavam. Alguma vez você parou de pensar que ganharia?

Mickey teve vontade de dizer: *É diferente. Vocês eram meus pais. Eu era muito novo quando me casei. Não dei conta.*

Em vez disso, declarou:

— Você tem razão. Eu não deveria ter telefonado. Vá dormir, mãe. — Murmurou um pedido de desculpas e desligou.

Na televisão, a perseguição em câmera lenta ainda se desenrolava. O motorista se recusava a desistir. Uma hora ele teria que parar, era inevitável. Mas seu cérebro não aceitava o inevitável.

— Pobre coitado — balbuciou Mickey.

Ele tirou o som da TV enquanto se acomodava na cama. A TV o ajudava a dormir. O noticiário matinal informaria o desfecho do caso.

7

O PRIMEIRO RAIO DE SOL BATEU NO ROSTO ADORMECIDO DE Mickey, deixando um brilho rosado por trás de suas pálpebras. Ele se sentou e olhou em volta, bocejando. Sentiu-se contente, o que o surpreendeu; tudo estava acontecendo com muita rapidez. Agora o ar estava frio e parado. Percebeu que a TV ainda estava sem som, mas não tinha interesse nas imagens trêmulas que se reproduziam na tela.

Uma batidinha de leve na porta de vidro rompeu o silêncio.

– Venha aqui fora. Tenho uma coisa para lhe mostrar.

Era Francisco. Mickey pôs uma camiseta e uma calça e abriu a porta do deque.

– O que você acha? – perguntou Francisco.

Ele não precisou explicar mais nada. Enormes nuvens carregadas de chuva haviam se acumulado sobre o mar. Mickey nunca tinha visto coisa igual.

– Glorioso – murmurou. Ele jamais usara essa palavra.

– Vire-se – pediu Francisco.

Mickey virou de costas, e viu que também havia nuvens carregadas atrás deles. Ao perscrutar o céu com o olhar, notou que aquelas nuvens gigantescas estavam por tudo quanto era parte.

– Estranho, não acha? – perguntou Francisco.

Mickey ainda estava bêbado de sono, mas de repente compreendeu o que Francisco queria dizer. O único lugar ensolarado era onde ambos estavam. Caminhou até o parapeito do deque e olhou para baixo. A escuridão produzida pelas nuvens chegava só até a sua casa e parava. Ele e Francisco estavam em uma ilha de luz.

– Foi você quem fez isso?

– Já ouviu falar de alguém que tivesse controle sobre o clima? Mickey balançou a cabeça.

– Não.

– Então se eu fiz isso, não posso ser uma pessoa. – Francisco riu da reação de Mickey. – Aqui – ele disse, estendendo a mão.

– O que é isso?

– Um presente de formatura.

Francisco abriu a mão e revelou três objetos pequenos: um anel de ouro, uma pepita de ouro e um selo com um brasão de ouro. Tinham sido muito bem polidos e brilhavam sob a luz do sol. Mickey ficou inquieto. Os três objetos pareciam ser uma outra charada sem solução. Francisco leu sua mente.

– Eles contêm o segredo da felicidade – explicou. – Não consegui pensar em nada melhor.

– Você vai me contar o segredo?

– Você vai descubrir. Anda, pegue.

Mickey pegou, relutante.

– E se eu ainda não estiver pronto para me formar? Acho que ainda é cedo demais.

– Ninguém vai te obrigar – disse Francisco. – É você quem decide se está pronto.

Os dois começaram a caminhar pela praia. Os olhos de Francisco buscavam o horizonte, mas Mickey não enxergava nada para além do mar, nem mesmo os iates e leões-marinhos saltitantes de sempre. Aproximaram-se de uma pequena pilha de destroços de naufrágios que a maré alta deixara para trás. Francisco se inclinou e pegou uma vara curva e úmida que estava no meio de uma alga entrelaçada.

– Exatamente o que a gente precisa – disse.

Com a ponta da vara ele traçou uma linha na areia.

— Chegamos à nossa última aula. A mais importante.
— Tudo bem — disse Mickey, inseguro.
Francisco apontou para os dois lados da linha que tinha desenhado.
— Ali está você e o seu mundo. Aqui é Deus e o mundo de Deus. Desde que você nasceu, não cruzou a fronteira que os separa. Agora já pode cruzar.
— Eu não teria que morrer para fazer isso?
Francisco balançou a cabeça.
— O mundo de Deus se abre quando você sabe a diferença entre ilusão e realidade. Como eu já lhe disse, você acreditou na ilusão de que é uma pessoa em busca da própria alma. A verdade é que você é uma alma interpretando o papel de uma pessoa. Quando realmente entender isso, você não será mais prisioneiro. Será livre.
Mickey hesitou.
— E você está no mundo de Deus neste exato momento?
— Estou.
— Como é? Eu quero muito saber.
— Não há nada a temer, nada a perder, nada a que se prender. Você não vai nem reconhecer seu velho eu. Você vai se tornar o que é de verdade.
— Perdão, mas parece muito com a descrição da morte. — O comentário de Mickey era uma piada tímida. Porém, de repente, Francisco deu um chute na areia e desfez a linha.
— Qual é o problema? — indagou Mickey.
Francisco lhe lançou um olhar duro.
— Não sei se você está entendendo a minha oferta. Se entendesse, você a aproveitaria com todas as fibras do seu ser. Ou isso, ou sairia correndo, aos berros, morrendo de medo.
— Desculpe.
Francisco percebeu que Mickey estava mesmo mortificado, mas não fez nenhum comentário.

— Ainda está cedo. Vamos ver o que o dia nos reserva — ele disse, casualmente.

Continuaram a caminhada pela praia. A abertura na massa de nuvens movia-se com eles. Mickey já não se sentia mais contente.

— Você está pedindo uma mudança enorme. Talvez seja demais para mim — ele disse. — Me sinto desamparado.

— Não o bastante.

— Como assim?

— Você ainda pensa que está no controle. A questão, mais uma vez, é o ego. O ego nunca desiste de tentar estar no controle. Então ele continua insistindo, cada vez mais, no que nunca funcionou.

— Foi exatamente o que Larry me disse. Eu o vi outra vez — disse Mickey.

— Ele tem razão. Você só vai mudar quando seu ego desistir. E ele só vai desistir quando você se sentir totalmente desamparado. É aí que o jogo do ego chega ao fim. Você se depara com o desconhecido. É apavorante e sombrio. Mas é para lá que você tem que ir.

Mickey queria mais explicações, mas a cabeça de Francisco já estava em outro lugar.

— Está vendo aquele cara ali? — ele indagou.

Sob uma torre de salva-vidas, Mickey via uma pilha de farrapos esverdeados. Demorou um tempo para perceber que se tratava de um homem encolhido, vestido com um casaco militar sujo.

— Sim, estou vendo.

— Quanto dinheiro você tem aí? — perguntou Francisco.

Mickey sempre tinha bastante. Abriu a carteira e tirou um maço de notas de cem.

— Está bom — disse Francisco. — Pegue duzentos dólares. Vá até lá e dê o dinheiro a ele. Vamos ver o que acontece. Eu cuido do resto.

Mickey fez o que ele pediu. Um instante depois, voltou.

— E então? — indagou Francisco.

— Ele ficou perplexo. Ele passou o dia dormindo para evitar a ressaca, então, quando cheguei, pensou que eu ia prendê-lo. Quando pus o dinheiro na mão dele, nem acreditou. Desatou a chorar.

Ambos enxergavam o homem. Ele tinha saído de baixo da torre. Seu rosto cinzento estava com uma expressão mais alegre e ele começou a acenar freneticamente para Mickey. Mickey retribuiu o gesto.

— Foi muito bom fazer isso — disse, vendo o homem se afastar. De poucos em poucos segundos, ele se virava e acenava.

Mickey abaixou a cabeça. Francisco estava agachado na areia. Ele amassou as outras notas de cem e pôs fogo nelas.

— O que você está fazendo? — berrou Mickey. Ele deu um pontapé no montinho em chamas, mas Francisco bloqueou seu pé.

— Apenas observe.

— Como assim, observe? Tem mil paus aí, talvez até mais! — exclamou Mickey.

Quando já não havia mais chances de salvar o dinheiro, Francisco perguntou:

— E agora, como você está se sentindo?

— Péssimo. Qual é sua intenção? — Mickey perguntou, num tom azedo.

— Quero ver o quanto você é previsível. Quando você deu o dinheiro, sentiu-se bem. Quando perdeu o dinheiro, sentiu-se mal. É tudo o que o ego tem para lhe oferecer: sentir-se bem ou mal. Você é como um rato numa experiência de laboratório.

— Experiência cara — comentou Mickey, sem entusiasmo.

— Você entendeu qual é meu ponto?

— Repita. — Mickey ainda não tinha se recuperado do choque de assistir a uma pilha de dinheiro sendo reduzida a cinzas.

— No momento, você está ressentido — disse Francisco. — Mas vai rir na hora em que enxergar a verdade. Que tal rir agora? Tem alguma piada para me contar?

Mickey sabia tratar-se de uma manobra frágil, mas precisava de uma distração com urgência.

– Um homem está andando na praia – começou. – Ele encontra uma lâmpada de latão enterrada na areia. Ele esfrega a lâmpada e um gênio sai de dentro dela. "Você me libertou", diz o gênio. "Em vez de lhe conceder três desejos, vou lhe conceder um, mas pode ser o maior desejo do mundo."

"O homem pensa um pouco. 'Nunca fui ao Havaí. Construa uma ponte para que eu possa ir para lá na hora em que eu quiser.'

"'Você está maluco?', berra o gênio. 'Isso é metade do Oceano Pacífico. Ninguém consegue construir uma ponte tão grande. Peça outro desejo.'

"O homem volta a pensar. 'Já sei. Quero saber o que as mulheres realmente pensam.'

"'Como você quer a ponte, com uma pista ou duas?', pergunta o gênio."

Mickey ficou aliviado quando Francisco riu. A tensão entre os dois se rompeu e eles se sentaram lado a lado na areia, na beira da água. Um minuto depois, uma gaivota deu voltas no céu, procurando detritos. Ela soltou pios estridentes e foi embora, decepcionada.

– Por que aquela gaivota é livre e os seres humanos não são? – perguntou Francisco.

– Porque ela não sabe das coisas? – Mickey tentou adivinhar.

– Isso mesmo, e ela não precisa saber das coisas. Ela nasceu no mundo de Deus e não tem nenhum motivo para sair dele. Então por que nós temos? Como foi que passamos a acreditar que temos de viver em um lado da linha quando Deus vive do outro? Se você parar para pensar, não faz sentido. Não me importo com a religião em que as pessoas acreditam. E também não me importaria se Deus fosse ele, ela ou algo. No mínimo, Deus está em toda parte. Se não for assim, Deus não é Deus.

— E como eu posso chegar em toda parte?

Francisco sorriu, mas em seguida ficou pensativo.

— Quando eu era jovem, queria encontrar Deus da pior maneira possível. Onde quer que ele estivesse, eu não estava. Eu me debati. Gritei, chorei. Quando conheci meu guia, ele me mostrou uma coisa.

Francisco se levantou num salto. Puxou Mickey pelo braço, levando-o para a margem, e depois entraram na água até o ponto em que ela batia nos joelhos. A areia fria grudava em seus pés.

Ele perguntou:

— Como você pode procurar Deus se ele já está aqui? É como se entrasse no mar e berrasse "quero me molhar". Você quer ultrapassar a linha para chegar a Deus. Na verdade, ele sempre esteve ali. — Os olhos de Francisco começaram a brilhar. — A graça divina vem para os que param de se debater. Quando você realmente compreende que não pode fazer nada para encontrar Deus, ele de repente aparece. Esse é o maior mistério de todos, o único que interessa de verdade.

O DIA DA FORMATURA DE MICKEY não foi todo passado na praia. Francisco estava com fome e insistiu em ir a um lugar específico no centro da cidade. Negava-se a dizer o motivo, mas Mickey presumiu que ele tivesse algum.

No caminho, Francisco disse:

— Você fez uma pergunta brilhante.

— Fiz?

— Fez. Você perguntou: "Como eu posso chegar em toda parte?" Você e eu vamos responder essa pergunta. Mas se Deus está em toda parte, o caminho para chegar lá não pode ser em linha reta. Vou lhe mostrar o que estou querendo dizer.

Já que Francisco não tinha mais nada a dizer durante o restante da viagem até o centro, Mickey teve tempo de avaliar seu notável guia. A autoconfiança de Francisco era totalmente natural, entretanto, por mais que Mickey já tivesse se dado conta disso, ainda ficava perplexo. Ficava se perguntando se era uma consequência da liberdade.

Quando avistaram o centro da cidade, Francisco voltou à vida.

– Vamos comer alguma coisa e depois voltar para onde todos os problemas começaram. O lugar onde o elo se rompeu. Onde os seres humanos perderam a inocência. Onde o amor de Deus foi perdido, transformando-se em ódio, ou pelo menos em indiferença.

– Você está falando do Jardim de Éden – disse Mickey.

– Isso mesmo. A gente precisa ir até lá. Mas não de estômago vazio.

Pararam o carro em um estacionamento e Francisco achou o local onde queria comer: um restaurante grego cheio de aromas agradáveis – moussaka, cordeiro souvlaki girando em espetinhos, vinho branco envelhecido na resina de pinheiro. A comida era simplória, assim como o casal de baixinhos gregos que trabalhava atrás do balcão. Mickey sabia que não adiantava tentar apressar Francisco para irem ao Jardim de Éden. Mas ao menos Mickey podia fazer o seu número.

– Ninguém mais conta piadas sobre Adão e Eva – disse. – Eu aprendi um monte quando era criança.

"Por que Deus criou Adão primeiro? Para ter chance de falar alguma coisa. Isso não teria mais graça hoje em dia. Talvez por isso essas piadas tenham desaparecido. Ou eram tristes ou machistas. Vou lhe contar uma que funcionou da última vez.

"Deus chega perto de Adão e diz: 'Tenho uma boa e uma má notícia para lhe dar. Qual você quer primeiro?'

"'A boa', pede Adão.

"'Está bem. Eu lhe dei um cérebro e um pênis.'

"Adão respondeu: 'É uma boa notícia *mesmo*. Qual é a má notícia?'

"'Não lhe dei sangue suficiente para usar os dois ao mesmo tempo.'"

Mesmo enquanto falava, outra parte da mente de Mickey observava Francisco com atenção. Talvez fosse a última vez que via seu guia. Seria possível que tivesse aprendido o suficiente com ele? Algum dia ficaria sabendo qual era o sobrenome de Francisco, ou onde ele morava?

– Não vou manter o suspense – disse Francisco, terminando o último sanduíche de pão árabe recheado com carne de cordeiro assada. Ele mexeu a cabeça na direção de um prédio do outro lado da rua. – É para lá que a gente vai.

– O tribunal de justiça?

– Para ser específico, o tribunal que cuida dos divórcios – disse Francisco. – É o mais próximo que podemos chegar do Éden. Os dois lugares começam com amor e união e terminam em raiva e separação. Quero que você se recorde dessa sensação.

A caminhada até o tribunal foi curta. Os salões internos eram bolorentos e escuros. O segundo andar, onde eram realizados os divórcios, era melancólico. Mickey viu pares de pessoas se reunindo diante das portas, antes de entrarem nas salas de tribunal. O que pareciam ser casais eram, na verdade, advogados e esposas.

– Todos parecem estar arrasados – comentou Mickey, que já tinha estado ali antes. – Por que precisamos ver isso?

– Não precisamos – respondeu Francisco. – O Jardim do Éden pode até ser um mito, mas o que ele significa? Um divórcio litigioso entre os seres humanos e Deus. E o que acontece durante um divórcio? Os dois lados saem pensando que tinham razão. Quando você ainda está casado, há espaço para a troca. Você briga e depois faz as pazes. Bem lá no fundo, você pode até continuar acreditando que tem razão, mas os dois têm que conviver, o que significa que ambos têm de fazer concessões.

"Depois do divórcio, tudo muda. Sua ex vira alguém sem razão nenhuma, e você vira alguém com toda a razão. Essas posições ficam congeladas. Ninguém sai do lugar, ao menos durante um longo período."

Mickey perguntou:

— E quem ganhou no divórcio de Deus?

— Parece que foi ele. Os seres humanos perderam a inocência. Sentem-se pecadores. Concluíram que devia existir algum motivo para terem sido expulsos do Paraíso.

— E não existia?

Francisco fez que não com a cabeça.

— O divórcio nunca aconteceu. Você me perguntou como chegar em toda parte. Você nunca vai conseguir, se achar que fez algo tão ruim que Deus resolveu virar seu ex.

Francisco virou de costas e seguiu em direção aos elevadores.

— Você me parece muito cínico. Não esperava isso de você.

— Só estou sendo realista. O amor e a união realmente viram raiva e separação. Fique aqui parado no corredor e o verá centenas de vezes por dia. Mesmo sem saber, todos esses casais estão reproduzindo um drama antigo.

Francisco apertou com força o botão para chamar o elevador e depois esperou.

— Eu seria cínico se achasse que a situação é irremediável. Mas não é.

Alguns minutos depois, já estavam ao ar livre, andando sob o sol. Mickey vinha pensando sobre seu divórcio. Não era um mero acaso o fato de sempre telefonar para Dolores quando estava angustiado. Tinha o hábito de se intrometer na vida dela, por mais que ela pedisse para que não o fizesse. De certa forma, sabia o porquê. Não conseguia acreditar que a tinha perdido. Sua mente não permitia que aceitasse essa ideia.

— Você ainda quer ganhar — disse Francisco.

Mickey ficou surpreso.

— O quê?

— Você estava pensando no seu casamento. Você quer Dolores de volta porque isso faria de você o vencedor. O divórcio te coloca no grupo dos fracassados.

— Esse comentário foi meio cruel — reclamou Mickey.

— Não se você o analisar de outra forma. Você está dominado pelo desejo de que o amor dure para sempre. Não quer acreditar que ele possa se transformar em ódio. A raça humana inteira é assim. Apesar de séculos de pregações sobre o pecado e a Queda do Homem, as pessoas se lembram do Paraíso. Elas oram nas igrejas para se convencerem de que nunca aconteceu um divórcio entre Deus e a humanidade.

— Você acabou de me dizer que nunca aconteceu — retrucou Mickey.

— Aconteceu se você acreditar que aconteceu. É a força da ilusão.

As palmeiras que rodeavam o tribunal eram velhas e gigantes, e Mickey não conseguiu deixar de pensar que eram as mesmas árvores que criavam as sombras no Jardim do Éden. Uma reminiscência dos tempos em que frequentava a escola dominical e das figuras bíblicas que mostravam às crianças, talvez.

— O divórcio de Deus é uma ilusão poderosa — disse Francisco. — Mas, como não é verdade, o caminho de volta é muito mais simples do que parece. O que seria necessário para que você voltasse com sua esposa? — Ele não aguardou a resposta de Mickey. — Alguma coisa se intrometeu entre vocês dois, então essa coisa tem que ser removida.

— Que coisa?

— Vocês resistiram um ao outro. A troca desapareceu. No final, um tinha que estar certo e o outro errado. Entendeu? Para reconquistá-la, reverta a situação. Deixe que *ela* esteja certa.

— Queria conseguir — disse Mickey, balançando a cabeça.

— Você consegue. Se não com ela, então com Deus. Ele tem razão e sempre teve, pois na verdade Deus é só amor. Ele quer o melhor para você e nada para ele mesmo. O menor movimento de sua parte será recebido de braços abertos.

Mickey tomou fôlego.

– Me diga o que preciso fazer e farei.

– Combinado – disse Francisco. Ele assentiu para Mickey, num gesto de aprovação, e começou a se afastar.

– O que há? – exclamou Mickey.

Francisco olhou por cima do ombro.

– Você acabou de se formar. Fez a escolha certa. Parabéns.

– Você está dizendo que terminamos por aqui? – indagou Mickey, com desânimo.

– Sim. E começamos aqui. É assim que funciona.

Francisco continuou a caminhar e Mickey sentiu uma vontade monstruosa de correr atrás dele. Mas pensou duas vezes. Toda vez que Francisco ia embora, acabava voltando. Bastava Mickey ter paciência. Tinha muitas informações para absorver nesse meio tempo. Esse dia tinha sido o mais intenso desde que os dois se conheceram. Quando Mickey estivesse pronto, seu guia reapareceria.

Tais pensamentos eram reconfortantes. Também estavam totalmente errados. Mas Mickey demoraria um pouco para descobrir.

DIAS SE TORNARAM EM semanas e semanas em meses. Mickey passava seu tempo livre fazendo coisas estranhas. Deixava a televisão ligada dia e noite, para o caso de Larry ter algo a lhe dizer. Passava uma quantidade exagerada de tempo olhando-se ao espelho. As caminhadas pela praia com Payback sempre incluíam pelo menos um momento em que Mickey achava ter visto um homem alto de cavanhaque vindo de longe em sua direção.

Ninguém sabia desses atos estranhos. Para o mundo lá fora, ele era o mesmo Mickey Fellows de sempre. Quando voltou aos trilhos, Alicia lhe arrumou mais apresentações do que era capaz de aguentar, além de uma dúzia de roteiros cinematográficos por semana para avaliar. Ficavam empilhados na mesa de cabeceira, juntando poeira, intactos.

Alicia foi quem chegou mais perto de descobrir tudo.

– Você está diferente – ela disse ao telefone, um dia.

– Diferente como?

– Não sei bem. Como se você tivesse sido abduzido por alienígenas, mas eles tivessem sido bonzinhos.

Para o resto do mundo, Mickey não tinha mudado em nada. Francisco não tinha lhe avisado que ninguém perceberia?

De tudo o que seu guia lhe mostrara, uma imagem permanecia guardada na mente de Mickey: a linha traçada na areia. Ele começou a imaginar que Francisco a cruzara para nunca mais voltar. De qualquer modo, depois de três meses, Mickey acordou um dia com a constatação de que estava mesmo sozinho.

Se Deus escuta nossos pensamentos, devia estar esperando por isso.

Num primeiro momento, não parecia haver nada de incomum. Mickey saiu do carro em Palisades para pegar uma quentinha de comida chinesa. O lugar estava lotado e alguém que estava de saída esbarrou em Mickey, que estava entrando. O homem estava falando ao celular. Ele levantou a cabeça e murmurou:

– Desculpe, amigo. – Em seguida, continuou a andar.

Mickey olhou fixo para ele.

– Arnie? – chamou.

O homem se virou, a orelha ainda grudada ao telefone.

– Sim? Eu te conheço?

– Talvez não. Foi mal.

O homem assentiu e se dirigiu ao seu carro. Mickey ficou parado, pensando. Ele conhecia Arnie. Haviam começado nas mesmas boates. Já tinham sido amigos, mas nos últimos anos seus caminhos não se cruzaram.

Como era possível Arnie não reconhecê-lo?

Os pequenos sinais começaram a se amontoar. Mickey percebeu que ninguém lhe acenava na rua, nenhum desconhecido lhe sorria. Ele desejava a solidão, então o anonimato era bem-vindo. Ainda assim, era esquisito que três dias se passassem sem que alguém aparecesse pedindo autógrafo ou um fã lhe desse um acanhado aperto de mão.

No quarto dia aconteceu algo mais importante. Mickey foi a um caixa eletrônico em West Hollywood. Precisava de dinheiro, então parou no primeiro caixa que viu. A máquina engoliu seu cartão. Mickey esmurrou-a. Depois ligou para o número escrito na tela, do serviço de atendimento ao cliente.

Uma senhora atendeu. Mickey disse o número do cartão de crédito, que sabia de cor.

– Perdão, senhor. Este número não é válido – ela avisou, muito gentil.

Mickey repetiu o número bem devagar. Nada feito. Pediu que procurasse seu nome no computador. Nada, também. Frustrado, xingou baixinho. Seu gerente teria que dar um jeito nisso na segunda-feira. Mickey pegou um cartão de reserva e o inseriu na máquina. Ela também o engoliu.

– Filha da mãe.

Depois disso, a esquisitice se tornou uma bola de neve. Ele parou numa loja de bebidas em Santa Mônica para descontar um cheque. O caixa era um árabe entediado que assistia à ESPN num televisor suspenso. Com os olhos grudados no jogo, ele inseriu o cheque de Mickey na caixa registradora, que o cuspiu para fora.

– Nada feito – murmurou o caixa, devolvendo o cheque.

– Eu tenho dinheiro na conta. Tente mais uma vez – pediu Mickey.

O caixa não olhou para ele.

– Nada feito. Vá embora.

Mickey se sentou no carro, ainda parado no estacionamento da loja. A lógica lhe dizia que os fatos não podiam ser apenas coincidências. Então, qual era a mensagem? Uma onda de pânico surgiu em seu peito, o que era bastante natural para uma pessoa prestes a ser apagada. Foi nesse instante que se lembrou de algo que Francisco lhe dissera meses atrás.

A pessoa que você pensa que é não passa de uma ilusão. Ela não existe.

Mickey não reagiu quando ouviu pela primeira vez esse comentário. Agora, estava tremendo, e o tremor vinha de um lugar profundo. Ele estava desaparecendo. Seu ser ilusório estava sendo varrido como pedaços de jornais velhos no meio da rua. Não havia outra explicação.

Resolveu ligar para Dolores. Aguardou enquanto o telefone tocava, rezando para não cair na secretária eletrônica. O que ele diria? Sua mente imaginou várias possibilidades, mas não havia tempo para avaliar nenhuma. Teria que improvisar.

– Alô?

– Amor, sou eu.

Dolores não respondeu.

No dia em que Larry morreu, Mickey aprendeu como poderia ser grande a distância, grande como o Grand Canyon, entre o que você teme e o que você espera. Agora vivenciava essa sensação pela segunda vez.

Por fim, ela disse:

– Quem está falando?

Mickey perdeu o fôlego. Ainda tinha uma chance.

– Sou eu, Mickey. Você não reconheceu minha voz?

Outra pausa, mas dessa vez ele sabia que devia perder as esperanças de vez. Dolores disse:

– Não sei quem é você, Mickey, mas eu não aceito ligações de depravados e não sou seu amor.

Desligou.

Mickey sentiu o suor frio brotar na testa. Enxugou-a com as costas da mão e foi até o carro. Passou a hora seguinte dirigindo sem rumo. Poderia ter ido a uma das espeluncas onde todos o conheciam. Podia ter colocado a cabeça para fora da janela do carro e acenado para os pedestres. Mas não fez nada disso. E o motivo era esquisito.

Por que não desaparecer?

O medo de ser apagado evaporava. Não estava tão em pânico a ponto de querer gritar. Era o oposto disso. A possibilidade de desprender-se da pele que chamava de Mickey Fellows começava a parecer-lhe correta, assim como pareceria a uma cobra, ou a uma mariposa emergindo do casulo. De repente, sentia um enorme cansaço de seu velho eu. Era uma casca desgastada, nada mais.

Ainda assim, tinha que estar convicto.

Alicia atendeu depois do segundo toque.

– Oi, é o Mickey. Precisamos conversar.

– Espere aí. A música está alta demais.

Alicia diminuiu o volume. Por um milésimo de segundo, Mickey ficou imaginando se aquele não era um indulto de última hora. Talvez Deus estivesse dizendo: "Tem certeza de que quer fazer isso?"

Alicia voltou ao telefone.

– Se for sobre a questão de direitos intelectuais, aviso logo: não vamos nos dar mal nesse acordo. Ligue para o meu advogado.

Mickey respirou fundo.

– Não, sou eu, o Mickey. Eu estava criando uma nova sequência de piadas. Quer ouvir a abertura da apresentação?

– O quê? Quem diabos...

Ele desligou antes que ela tivesse a chance de terminar a frase. A ligação foi encerrada com um estalo suave, mas aos ouvidos de Mickey, o barulho soou como um estrépito ruidoso, como um cabo se partindo. Já tinha recolhido provas suficientes de sua inexistência. Bem-vindo ao desconhecido. Agora tinha que descobrir como viver assim.

Os sentimentos não podem ser apressados, então Mickey passou uma semana hibernando, com as cortinas fechadas. Sem ver TV, sem caminhar na praia. Teve um dia em que até tentou levar Payback para passear, mas ela rosnou e ele desistiu de tentar prender a guia na coleira. Mickey se agachou ao lado dela.

– Você já ouviu falar do disléxico que morreu e foi para o Inferno? – sussurrou no ouvido dela. – O homem ficou chocado. "Houve um erro", ele bradou para o Diabo. "Eu fui bom a vida inteira. O que houve de errado?" E o Diabo diz: "Lembra daquela vez que você vendeu a alma ao Papai Noel?"

Payback o olhou com tristeza e se deitou, apoiando a cabeça nas patas.

Quando Mickey achou umas crianças na praia e deu-lhes a cadela, elas ficaram emocionadas. Mickey ficou olhando-a sendo levada embora. Ela não olhou para trás e ele não sentiu nada. Era como se nunca tivesse tido um cachorro.

Como perceberia mais tarde, essa seria a última etapa. Mickey não tentou vender a casa. Tinha economias suficientes para se manter até que algo de novo acontecesse. Não esperava ser apagado para sempre.

Olhando de fora, poderia parecer que Mickey estava sendo punido. Mas ele não se sentia castigado. O homem solitário sentado na ponta do píer de Santa Mônica não sentia solidão. Contemplava o oceano e pensava: *Eu sou o oceano.* Olhava para o céu e pensava: *Eu sou o céu.* Ele se via em todos os lugares para os quais olhava. Era como se tivesse sido libertado de uma gaiola e saído para a eternidade, que se estendia em todas as direções.

Essa existência sublime só era maculada por um restinho de nostalgia. Mickey Fellows fora tratado como a realeza no Bel-Air Hotel. Estava tentado a voltar, só para ter aquela sensação uma última vez.

Um dia, Mickey cedeu à tentação. Porém, quando chegou com seu carro, o manobrista lhe lançou um olhar inexpressivo. O porteiro olhou-o de relance e voltou a assobiar para chamar táxis. No restaurante, o maître ergueu os olhos, e seu rosto não traía nenhum reconhecimento.

Depois, ele sorriu.

— Aquele senhor está te aguardando — ele murmurou.

Um garçom de fraque levou Mickey a uma mesa no meio do salão, onde Francisco estava sentado.

Mickey não sabia o que dizer.

— Você cruzou a linha — declarou Francisco, quando ele se sentou.

Sem hesitar, Mickey confirmou:

— Cruzei, sim. Ninguém me reconhece. Eu me libertei.

— Não abandone este mundo — recomendou Francisco. — É o lugar certo para amar a Deus. Aproveite-o bem.

Mickey sentiu uma imensa satisfação, e quando seu pedido de aspargos ao vapor com molho à holandesa chegou, ele caiu na gargalhada.

— Quando olho para esse prato, eu *sou* o aspargo — disse. — É ridículo. Eu me misturo com tudo. Fico emocionado com todas as coisas. Só que às vezes me pergunto se alguém vai me tirar isso tudo.

— Não, você não fica emocionado com tudo. Não de verdade — contestou Francisco.

Não tinham mais o que falar durante a refeição, mas, chegando ao final, Francisco manifestou-se.

— Vim ver como você está passando. Conte-me.

— Tudo se tornou bem mais simples para mim. Cheguei aonde você queria que eu chegasse.

— E aonde eu queria que você chegasse? — perguntou Francisco.

— Primeiro, para além do medo. Quando parei de ter medo, fiquei seguro. Segundo, para além do ego. Quando parei de escutar meu ego, não tive que provar mais nada a ninguém. Terceiro, para além do vício. Quando deixei de ansiar pela próxima dose, não senti mais desespero.

– Então, qual é o próximo passo? – indagou Francisco.

– Não sei. Sou novo demais nisso – admitiu Mickey. – Você poderia me dizer?

– O que agora é simples se torna ainda mais simples. Antes, o que você vivia era a felicidade pessoal. Ela se baseava em ter algum motivo para estar feliz e não ter nenhum para estar triste. Mas a felicidade baseada em um motivo pode ser tirada de você a qualquer instante. Agora você é feliz *sem* motivos. O que é bem mais durável. Sem nada para gostar ou desgostar, você pode ser feliz interiormente. Mas ainda há uma etapa final para ser alcançada, mais superior ainda.

Nesse ponto, Francisco interrompeu a explicação.

– Quero que você fique sabendo de uma coisa quase impossível de exprimir em palavras. Você guardou seu presente de formatura?

Mickey pegou um saquinho de veludo do bolso. Despejou seu conteúdo na toalha de mesa: um anel de ouro, uma pepita de ouro e um selo com um brasão de ouro.

Francisco apontou para cada um dos objetos.

– Eu disse que eles são o segredo da felicidade. Os três objetos pertenceram a um colecionador rico. Enquanto ele dormia, eles discutiam sem parar. O anel declarava-se melhor que os outros dois porque tinha sido feito para o dedo de uma noiva rica. A pepita dizia-se melhor que os outros dois porque os mineiros tinham arriscado a vida para achá-la. O selo afirmava ser melhor que os outros dois por ter selado as cartas de um rei.

"Discutiam dia e noite, até que o anel disse: 'Vamos perguntar a Deus. Ele vai decidir qual de nós é o melhor.' Os outros dois concordaram e então se aproximaram do Todo-Poderoso. Os três declararam por quais motivos se achavam superiores. Deus escutou-os com atenção e, quando terminaram, ele disse: 'Não posso decidir a disputa, sinto muito.'

"O selo de ouro ficou bravo: 'Como assim, não pode decidir? Você é Deus.'

"'É exatamente esse o problema', explicou Deus. 'Eu não vejo um anel, uma pepita e um selo. Só vejo ouro.'"

Francisco parecia muito comovido com essa pequena parábola.

– Entendeu? – ele perguntou, com a voz baixa.

– A existência é puro ouro. Nada mais é necessário – disse Mickey. – O que é preciso para que todo mundo entenda isso?

A questão permaneceu no ar enquanto saíam do restaurante, depois ela voou com o aroma de jasmim e pluméria exalado pelo viçoso jardim do hotel.

Mickey e Francisco se abraçaram e cada um seguiu o próprio caminho. A graça divina, percorrendo o universo, havia deixado sua marca infalível. Com uma faísca, tinha incitado uma pessoa a buscar uma vida nova. Não parece ser muita coisa, já que há bilhões de pessoas na Terra. Por outro lado, os sábios da Antiguidade dizem – e devem ter razão – que basta uma faísca para que uma floresta inteira entre em combustão.

Epílogo

SADIE SHUMSKY RARAMENTE RECEBIA CORRESPONDÊNCIAS. Ela ocupava um apartamento minúsculo num asilo perto de Newark, em Nova Jersey, onde crescera. Costumava receber notícias do irmão caçula, Sol, que anos antes tinha ido embora do Leste para tentar fazer sucesso em Los Angeles. Mas até ele tinha parado de escrever.

– Carta para a senhora – disse a enfermeira de plantão naquele dia. – Entrega especial.

– Deve ser dinheiro – disse Sadie, que não tinha quase nenhum.

Ela quase teve um infarto quando viu que era mesmo dinheiro – US$ 175 mil. A boate de Sol em North Hollywood fora vendida pouco antes de sua morte. Como ela era a única parenta viva, o novo dono enviou-lhe um cheque para fechar o negócio. Ou melhor, os advogados dele enviaram o cheque. O novo dono queria permanecer no anonimato.

Todo mundo se reuniu ao redor dela e comemorou.

– O que você vai fazer com esse dinheiro todo? – perguntaram. Sadie quase respondeu: "Sair desta pocilga." Mas as pessoas dali eram bondosas e, se você tem de partir, é melhor que seja acompanhado pelos amigos.

O novo dono manteve a equipe do antecessor quando passou a administrar a espelunca em North Hollywood. Era do tipo solitário e raramente aparecia. O barman e a garçonete, que constituíam a equipe inteira, chamavam-no de "chefe", nunca pelo nome, o que era um pouco esquisito. Mas ele preferia assim.

Só na sexta-feira, a noite em que os amadores se apresentavam, a presença do chefe era garantida. Ele se sentava no fundo do salão e passava a noite inteira afagando uma única garrafa de *Miller Lite*. Assim como nos velhos tempos, os atores geralmente eram comediantes que só conseguiriam se apresentar em lugares onde o microfone estava aberto para qualquer um subir ao palco.

Metade dos atores deixavam o palco em meio às vaias da plateia antes de terminarem o número, mas o chefe sempre ria, independentemente da péssima qualidade das piadas. Gostava de incentivar novos talentos, e era conhecido por, de vez em quando, abrir a própria carteira e tirar umas notas de cem para ajudar algum comediante morto de fome.

Então, uma noite, do nada, quando terminou a primeira apresentação, o chefe foi até o microfone. Deu tapinhas nele.

– Um, dois, três, testando.

– O quê? Você vai se apresentar? – alguém gritou.

– Estou trabalhando numas piadas – disse o chefe. Ele pigarreou. A casa estava cheia e ele tinha abaixado o preço da cerveja. Todos estavam à vontade.

Ele pegou o microfone e começou, em tom hesitante.

– Um dia, um padre, um pastor e um rabino foram jogar golfe.

A plateia não o deixava falar a próxima frase. Soltaram um suspiro coletivo, seguido por algumas vaias substanciais.

O chefe persistiu, se aproximando do microfone.

– O rabino disse: "Aposto cem dólares que acerto o buraco com uma tacada só." Porém, ele não conseguia abafar a plateia, e ninguém entendeu o final da piada. Mas de alguma forma as vaias não o intimidavam.

O chefe manteve a cabeça erguida durante todo o tempo que ficou no palco, até que fez uma reverência e retirou-se, sorridente. Assisti-lo era uma experiência esquisita, na verdade. Era de se imaginar que, em meio a todas as vaias e gritos, ele escutava alguém, em algum lugar, gargalhando com todas as forças.

O caminho da alegria: Os dez preceitos do otimismo espiritual

Será a realidade o que pensamos que ela é? Já que todos nós aceitamos a existência do mundo material, como ele poderia ser a ilusão que Francisco descreve para Mickey em *Por que Deus está rindo*? Afinal de contas, as pedras são sólidas, o ar sustenta a vida e o planeta gira em torno do próprio eixo. A palavra "ilusão", contudo, não se refere a tais fatos. Tanto um místico como um materialista vão ficar com o dedo dolorido caso chutem uma pedra. Mas o místico acredita que a pedra é uma projeção de uma realidade mais profunda, enquanto o materialista crê que a pedra nada mais é do que uma pedra – a realidade não vai além do tangível. Para um materialista, nuvens e montanhas são apenas coisas, e sua beleza é irrelevante. Para ele, um bebê recém-nascido também é uma coisa, e sua natureza humana é igualmente irrelevante. Em um mundo feito de coisas, não há espaço para a inteligência amorosa conhecida pelo nome de Deus, responsável pela criação e por lhe dar significado.

Contudo, no caminho da alegria, descobrimos que esse significado é a própria base da vida. Somente num sentido muito superficial um bebê pode ser "só uma coisa". Na realidade, um bebê é um campo de potencial infinito, que expressa a inteligência sublime da Natureza. Não vejo essa crença como algo místico, mas sim como uma verdade subjacente à imagem superficial – em que a vida parece uma torrente de acontecimentos físicos aleatórios.

O significado é intrínseco ao nosso ser. Da mesma forma, o otimismo espiritual também constitui uma experiência íntima. Ele é baseado no amor, na beleza, na criatividade e na verdade que uma pessoa descobre no plano da alma.

Quando você explora um nível mais íntimo do seu ser, trabalha com a intuição. É comum a noção errônea de que a intuição se opõe à ciência, mas o próprio Einstein disse que o que o distinguia dos ateus era que "eles não conseguem ouvir a música das esferas". Na verdade, tanto a ciência como a espiritualidade dependem da intuição. As grandes descobertas científicas são feitas através de saltos criativos, e não no prolongamento de uma trilha linear formada por fatos.

Você usa a intuição todos os dias para confirmar que está vivo, ou que as margaridas são bonitas, ou que a verdade é melhor que a mentira. O caminho da alegria consiste em tornar suas intuições mais profundas e mais acessíveis. Quando a minha intuição me diz o que é estar vivo, posso passar a meditar no que minha vida significa, de onde ela veio e para onde ela vai. Felizmente, não há nenhuma força no universo mais poderosa do que a intuição.

Ao trilhar o caminho da espiritualidade, você começa a entender alguns preceitos básicos. À medida que os preceitos se desenvolvem, a realidade se altera. A mera crença não é capaz de transformar os acontecimentos que o rodeiam, mas a compreensão sim. Trata-se da diferença entre crer que você é abençoado e observar, de fato, o efeito da graça divina sobre o mundo.

Os preceitos que você encontrará a seguir são motores potentes para a mudança. À medida que a sua compreensão interior crescer, não haverá limites para o que você poderá se tornar; a única certeza é a de que você passará por uma transformação.

POR que DEUS está RINDO?

I– A REAÇÃO MAIS SAÚDAVEL
À VIDA É O RISO.

O primeiro preceito serve como antídoto ao medo e à tristeza, incentivando-o a viver com alegria. Ao começarmos o caminho, a alegria pode ir e vir em centelhas miúdas. Porém, no final, o riso irá dissipar o sofrimento, como se ele fosse fumaça ou poeira. O sofrimento é um dos aspectos mais convincentes da ilusão, mas mesmo assim, não é real.

Uma regra de ouro se aplica: *o que é verdadeiro no mundo material é falso no mundo de Deus, e vice-versa.* Nesse caso, o mundo material aparentemente é dominado por crises e sofrimentos, e, portanto, a forma mais sã de enfrentar a vida é apoiar-se em preocupações, ansiedade e numa atitude defensiva. Mas, quando sua consciência muda, você percebe que a própria vida não poderia existir sem uma criatividade subjacente, e que o ato contínuo de criar é uma expressão de êxtase. Tais características são a base da sua vida.

De fato, a lente do materialismo nos dá uma visão distorcida do mundo. Através dela, vemos a consciência como um mero subproduto acidental da química cerebral, e os poderes da mente como mito. Igualar a realidade mais profunda com átomos inertes que entram em colisão na frieza morta do espaço cósmico é negar tudo o que sustenta a vida, tudo o que a faz valer a pena: a beleza, a verdade, a arte, o amor, a moralidade, a comunhão, a descoberta, a curiosidade, o crescimento interior e a consciência elevada.

O que todas essas qualidades têm em comum? Elas dependem da intuição. Não existe prova objetiva de que o amor é lindo, ou de que a verdade nos liberta. Você precisa chegar a tais conclusões por meio de sua própria experiência. No caminho da espiritualidade, tudo depende da mudança de consciência; nada depende da colisão de átomos.

O que temos, portanto, são duas visões opostas de mundo, ambas disputando a sua lealdade. O que é melhor: a espiritualidade ou o materialismo? Deus é simplesmente um complemento à existência corpórea, ou é a raiz da existência? Não é uma decisão fácil, pois os indícios são extremamente desequilibrados. A maioria de nós tem um vasto conhecimento do mundo material, mas um conhecimento parco no que se refere a Deus. Ele tem muito a nos provar. Ele precisa provar que está presente e é confiável, assim como uma pedra ou uma árvore. Se quisermos afirmar que Deus sustenta a vida, ele deve sustentá-la da mesma forma que o ar, a água e os alimentos o fazem. Em outras palavras, temos que perceber que Deus não é irrelevante. Pode-se levar uma vida inteira para isso – se você tiver sorte.

Para iniciar essa jornada, comprometa-se com a possibilidade de que tudo o que enxerga ao seu redor é bem menos real que Deus. Você deseja enxergar a verdade "de todo o teu coração, com toda a tua alma e com todo o teu entendimento", como diz Jesus. Este, na verdade, é um compromisso com a alegria. Quando você sente uma felicidade momentânea, ou a vontade de cair na gargalhada, ou de sorrir sem motivo aparente, você vislumbra a realidade eterna. Por um breve instante, a cortina se abre para que você possa vivenciar algo além da mera ilusão. Isso vai deixar de ser exceção para virar norma. Não há forma melhor de saber que você está expandindo a sua percepção divina.

2 – HÁ SEMPRE UMA RAZÃO PARA SER GRATO.

Este segundo preceito é um antídoto para a atitude de vítima. Ele determina que há quem cuide de você. Quanto mais você percebe a verdade que há nesse preceito, menos acredita ser uma vítima.

Se olhar ao redor, você verá como é óbvio que a vida é sistemática. A abelha voa de flor em flor, alimentando-se e polinizando de acordo com um método magnífico e ordenado. Milhões de anos de evolução uniram com perfeição abelha e flor para que uma não existisse sem a outra. Por que, então, não acreditamos que nossas vidas também podem ser sustentadas sem um grande esforço? Um dos principais obstáculos é que nos vemos como vítimas. Nossos corpos estão sujeitos ao envelhecimento e à morte. Acidentes são inevitáveis. Catástrofes e desastres nos aguardam logo ali na esquina, controlados pelos caprichos do destino. E simplesmente imaginar as coisas horríveis que podem nos acontecer gera tanto sofrimento quanto os acontecimentos em si.

Ser uma vítima é o resultado lógico de estar sob perigo constante. Se Deus nos sustenta, não há dúvida de que ele deve reverter todo esse esquema de acidentes aleatórios que põe todo mundo em perigo. Essa é uma questão delicada, entretanto, pois também estamos cercados pela abundância da Natureza. Os otimistas apontam para nossa terra verde, que esbanja vida, alimentos e beleza. Porém, um Deus amoroso poderia mesmo nos prover de coisas boas num dia e nos infligir dor no outro? De modo geral, pessoas gratas a Deus tendem a negar que ele também é responsável por doenças, calamidades e mortes. Mas uma deidade onisciente e todo-poderosa não pode ser responsável apenas por partes dos acontecimentos. Ou ele sustenta tudo, ou não sustenta nada.

Para livrar-nos do jugo de um Deus que traz o prazer num dia e a dor no outro, precisamos entender que Deus não é uma pessoa. Só chamamos Deus de "ele" porque nossas mentes resistem a pensar nele como uma completa abstração. Na verdade, por ser total, Deus tem de ser abstrato. Sua mente não pode abrigar o Tudo. Nossas cabeças só abrigam aquilo que percebemos e no qual escolhemos acreditar.

À medida que notar a presença de Deus em sua vida, reconheça-o com gratidão. Deus não precisa de agradecimentos – afinal de contas, ele já tem tudo, inclusive agradecimentos. Mas, ao optar pela gratidão, você estará escolhendo um aspecto benevolente do Tudo no qual deseja se concentrar.

O objetivo da gratidão é conectar-nos a uma visão mais elevada da vida. Você tem o poder de decidir se quer ativar o aspecto de Deus que dá ou o aspecto que tira. Qualquer um dos dois irá se desenvolver se você se concentrar nele. Caso dê atenção aos aspectos que demonstram amor, verdade, beleza, inteligência, organização e evolução espiritual, eles começarão a se expandir em sua vida. Pouco a pouco, como num mosaico, fragmentos distintos da graça divina se fundirão, formando um quadro completo. Com o tempo, esse quadro substituirá aquele outro, ameaçador, que você carrega dentro de si desde a infância.

O mundo exterior alega ser real, mas é, também, um quadro pintado pela consciência e projetado para fora. Quando você compreender que é você quem projeta a sua realidade, não será mais controlado por acontecimentos externos. Você corrigirá o erro que está na raiz da vitimização: a crença de que é a imagem que o controla, e não o contrário.

3 – VOCÊ FAZ PARTE DO SISTEMA DO UNIVERSO. NÃO HÁ NADA A TEMER. VOCÊ ESTÁ EM SEGURANÇA.

O terceiro preceito é o antídoto contra a insegurança. Ele nos diz que o medo pode ser muito convincente, mas não há nenhuma verdade nele. O medo não é confiável.

Nos tempos modernos, somos ensinados a respeitar o medo, pois ele é essencial para a nossa sobrevivência, é um sinal biológico que alerta a mente e o corpo para o perigo que se aproxima. Porém, os sábios antigos da Índia ensinavam que o medo nascia da dualidade: quando os seres humanos perceberam que não faziam mais parte de Deus, imediatamente ficaram com medo do que poderia lhes acontecer. No século XX, após duas guerras mundiais devastadoras e o advento da bomba atômica, essa insegurança assombrosa foi promovida a algo do qual ninguém escapa, conhecido como angústia existencial. Você e eu somos frutos de uma era em que simplesmente estar vivo já parecia um enorme risco. Como consequência, somos presas fáceis da angústia de não sabermos quem somos nem o nosso lugar no mundo.

No caminho espiritual, você pode se curar totalmente dessa angústia. Ao rejeitar o medo, pouco a pouco você passa a notar que a vida não está sempre em risco. Você está seguro, e há quem cuide de você. Para se livrar totalmente do medo é necessária uma mudança de orientação, pois vivemos num clima de insegurança, em que é muito fácil sucumbir ao constante bombardeio de ameaças potenciais. Os noticiários matinais já nos empurram para um mundo sombrio de desastres incessantes, mais tarde reforçados pelos noticiários noturnos. Para reagir a isso, você deve focar no seu próprio guia interior. Entenda que o que garante sua segurança é a inteligência suprema que existe dentro de você. Perigos latentes são ilusões. Só o que está ao alcance das mãos é real.

Não estou dizendo que a existência pode ser imunizada contra todos os desconfortos e súbitas mudanças de sorte. Estou oferecendo a oportunidade de se abordar a existência através de um outro ponto de vista. Você se sentirá seguro quando perceber que Deus lhe deu todo o necessário para lidar com os desafios da vida, sejam eles quais forem. Você está no centro do palco de seu drama pessoal. Ao seu redor, há um palco muito maior, e se você estiver nesse palco em uma época perigosa, o perigo estará presente. Entretanto, isto é bem diferente de viver em um caos vertiginoso de azar iminente. A ideia é ter autoconfiança para interpretar seu papel no drama. Tudo está exatamente como deveria estar.

O papel que lhe foi designado é justo e adequado. Foi feito sob medida para você, para a plenitude de seu ser. E seu ser, em sua plenitude, não se contentaria com uma existência apática e monótona. A vida não é completamente livre de riscos, o que não muda o fato de que ela é regida por decisões feitas no plano da alma. A voz do medo tenta convencê-lo de que você é uma vítima indefesa do acaso. O oposto também é verdade. Num plano mais profundo, o plano da alma, você é o autor de tudo o que lhe acontece.

4 – A SUA ALMA APRECIA TODOS OS ASPECTOS DE SUA VIDA.

O quarto preceito é o antídoto para a sensação de que se é subestimado. Ele declara que seu valor é absoluto, e que tudo o que lhe acontece – seja bom ou ruim na época – é parte de um projeto divino que se desenrola no plano da alma.

Como já vimos, os valores que guiam o mundo material devem ser totalmente revertidos caso você queira alcançar a Deus. Da perspectiva convencional, ter autoestima equivale a ter o ego inflado. Pessoas com ego inflado têm autoconfiança. Gostam de vencer obstáculos. Superam desafios e, em troca, a vida lhes dá dinheiro, status e bens materiais – recompensas visíveis para realizações visíveis.

A partir dessa perspectiva, é quase embaraçoso o fato de Jesus ensinar exatamente o contrário – para ser amado por Deus, o indivíduo deve ser inocente, humilde, um servo de todos os homens. Mas a lição de Jesus remete às grandes tradições de sabedoria, que afirmam que o valor de uma pessoa não muda de acordo com seu sucesso exterior ou suas recompensas. O valor de uma pessoa é o valor de sua alma, que é infinita. Já que tudo o que acontece na vida de alguém acontece também à sua alma, tudo na vida deve ser apreciado.

Todos sabemos que a vida tem altos e baixos, e que nossa autoestima aumenta e diminui em consequência disso. Napoleão era um gigante depois de suas vitórias no campo de batalha, mas virou um anão após Waterloo. Num mundo em mutação, nós, pessoas guiadas por nossos egos, parecemos marionetes, obedecendo aos caprichos do acaso. Porém, do ponto de vista da alma, mudanças ocorrem diante do pano de fundo da inalterabilidade; a base da existência é eterna, impassível, estável e universal.

Mas como deixar de se concentrar nas mudanças? Pessoas que dizem sentir a presença real e imediata de Deus, de Jesus ou de suas almas não me convencem nem um pouco. Essa é uma capacidade extremamente avançada no caminho espiritual, e não uma das primeiras portas que se abrem nessa jornada. Mas sei que posso vivenciar o meu próprio eu, então meu objetivo é encontrar a parte de mim que não sofre mudanças. Minha mente muda o tempo todo, passando rapidamente de um pensamento a outro, e meu corpo também, no mesmo ritmo em que a próxima célula de minha pele é descartada ou meu coração bate outra vez. Portanto, é preciso que a busca pelo imutável me leve a outro lugar.

É nesse ponto que a meditação se revela mais útil. Ao meditar, você muda o foco. Em vez de prestar atenção à superfície da mente, que flutua com mudanças constantes, você vai mais fundo para vivenciar o silêncio. O silêncio, por si só, é inútil. O que importa na vida é ação e reação, e não desapego silencioso. Porém, o silêncio interno é muito mais profundo: é a consciência tomando ciência de si mesma, o que também pode ser chamado de vigília ou de plena atenção.

Nas profundezas do silêncio, a sua mente sabe tudo o que está acontecendo. O tempo rui e vira um único ponto focal, em que a sua única certeza absoluta é "eu sou". Não se trata de um conhecimento passivo. Esta certeza é o centro de tudo, a fonte de toda atividade que brota em forma de pensamentos, sensações e acontecimentos externos. No fim das contas, o silêncio é o útero da criação. Assim, a meditação é um fenômeno criativo, através do qual você reivindica a autoria de sua vida.

Agora compreendemos o que significa meditar vinte e quatro horas por dia: manter-se vigilante e atento o tempo inteiro. Ao obter a autoria de seu próprio ser, você sai do silêncio e entra em atividade para criar a própria história. Entretanto, não há diferença entre ficar sentado, meditando, e viver no mundo. Ambos os estados são expressões da consciência, mas um é silencioso e o outro é ativo. Mantenha dois tipos de atenção, uma dedicada à mudança e outra ao inalterável. É essa a mudança de consciência que lhe permite viver no plano da alma.

5 – EXISTE UM PLANO, E SUA ALMA SABE QUAL É.

O quinto preceito é o antídoto para a falta de sentido. Declara que sua vida tem um propósito. Você o determina no plano da alma, e então ele se desenvolve no seu cotidiano, como parte do projeto divino. Quanto mais envolvido você estiver com esse projeto, mais potente ele se torna em sua vida. No fundo, nada pode detê-lo.

Escrevendo sobre o caminho da espiritualidade, me deparo com um ponto em que gostaria de dispensar termos como alma, Deus e espírito. Existe apenas uma realidade e não precisamos de um vocabulário diferente, mundano, para nossa existência rotineira, e outro vocabulário especial para a existência num nível superior. Ou tudo é espiritual, ou nada o é. Aos olhos de Deus, andar sobre a água não é algo mais milagroso do que a capacidade que a hemoglobina tem de juntar-se ao oxigênio dentro do glóbulo vermelho. Nenhum dos fenômenos é óbvio, e ambos pertencem ao infinito sistema da criação.

Contudo, aparentemente uma vida com propósito e significado deve chegar mais perto de Deus que uma vida confusa, sem rumo. O dualismo tem um poder enorme sobre a mente, não nos deixando pensar em termos de alto e baixo, melhor e pior. O que é difícil compreender é que Deus, por não querer nada, também não nos cobra nada. Em termos espirituais, nenhuma vida é mais ou menos valiosa que outra. O ladrão de hoje renascerá como um santo amanhã, e vice-versa.

Todo mundo tem um papel no projeto divino. E como Deus está dentro de você, você tem todo o direito de escolher qual o seu papel no projeto dele. Como o projeto funciona na prática? Uma de suas características principais é a percepção.

Quando bebê, você tinha uma percepção muito limitada de si. O que não tinha capacidade de aguentar ou compreender era entregue ao seu pai e sua mãe. Alimentaram-no até que pudesse se alimentar sozinho, deram-lhe um teto até que você mesmo pudesse providenciar um teto para si etc. Quando você foi se tornando mais capaz, sua noção de qual era o seu lugar no mundo foi mudando. Em outras palavras, sua percepção se alterava a cada passo dado em direção à independência.

O projeto divino é assim. Num primeiro momento, o poder que você tem é limitado. O ego presume que tem que se sustentar sozinho e que, para isso, deve agarrar-se aos seus desejos e rejeitar o resto. A percepção, nesta etapa, é limitada ao aspecto individual; o campo de visão é bem estreito. Tudo o que importa é beneficiar o "eu, mim, meu". O ego não tem nenhuma consideração pela forma como o eu está ligado a tudo o que existe. Contrariando as expectativas, é nessa etapa, quando damos às forças externas a autoridade para ditar os acontecimentos, que o ego se sente mais poderoso.

A percepção se expande na mesma medida que o potencial interno. Para além do ego, um círculo mais amplo que inclui "eu, mim, meu" se expande para todos os lados. No projeto divino, não há limites para a expansão de uma pessoa no plano da alma. Você começa a ver como a criação foi incrivelmente bem organizada, com um cuidado perfeito e inteligência infinita. Já que Deus tem uma inteligência infinita, quanto mais sua percepção se expande, mais você se aproxima de Deus. Não há nem necessidade de buscar, só de enxergar.

No fim, tudo já é Deus, então a questão é olhar cada vez mais a fundo, até que Deus seja revelado. Você adquire uma visão sintonizada com os aspectos mais puros da beleza e da verdade. Uma das grandes bênçãos da existência é o fato de que todo mundo nasce com o desejo de ver mais. É por isso que os sábios da Índia acreditavam que pensar em Deus já um sinal de que um dia ele irá aparecer. A expansão da consciência *é* o projeto divino. Não há outro. À medida que sua consciência vai crescendo, você vai adquirindo a certeza de que também faz parte do plano de Deus. Nada mais lhe é cobrado, e nunca foi.

6 – O ÊXTASE É A ENERGIA DO ESPÍRITO. QUANDO A VIDA FLUI, O ÊXTASE VEM NATURALMENTE.

O sexto preceito é o antídoto contra a inércia. Ele diz que a energia infinita está à sua disposição. Você é um cocriador, junto com Deus. Para invocar seu poder criativo, é preciso apenas ligar-se às energias primitivas que residem no seu interior.

Como saber se você está ligado a Deus? Um dos sinais mais visíveis é a forma como sua vida flui. Se você sente que está empacado, se a inércia e o hábito guiam seus dias, sua ligação com Deus é tênue. Por outro lado, se você tem certeza de que o que deseja está acontecendo gradualmente, sua ligação com Deus é forte. O fluxo criativo é a regra operacional do cosmos.

Assim como a criação, a energia assume uma miríade de formas. No caminho da espiritualidade, você descobre diversas espécies de energia. Em geral, nos valemos de energias superficiais geradas pelo ego: raiva, medo, competitividade, vontade de ter sucesso, e um amor que nos dê a sensação de que somos desejados. Não há certo ou errado no campo da energia, mas o ego é uma presa fácil da ilusão de que *somente* a raiva, o medo, a vontade de ter sucesso etc. são reais. Ele ignora a existência de energias elevada e baixa, e por isso fica tão isolado.

Baixas energias dominam o corpo e as funções intrínsecas a ele. "Baixas" é um termo enganoso, pois a inteligência do corpo é tão importante quanto qualquer outra da criação, mas, apesar de todo o seu incrível poder de organização, o corpo se contenta em ser guiado pela mente. A inteligência corporal é modesta e não sente necessidade de dominar ou obter sucesso; para o corpo, encaixar-se com perfeição na ordem natural do mundo já é uma alegria. O ego poderia aprender muito com o corpo, mas raramente isso acontece.

Ao mesmo tempo, o ego impede a entrada de energias elevadas. Essas são as forças sutis da alma: amor, compaixão, verdade e conhecimento de Deus. A alma não tem motivo para competir com o ego, pois já ocupa a posição mais importante na criação – a comunhão com Deus. Como os anjos em círculos nos quadros medievais de temática cristã, rodeando o trono celestial e cantando louvores a Deus, a alma se satisfaz ao vivenciar o próprio êxtase e ao celebrá-lo eternamente. O ego acredita, erroneamente, que tal alegria ou é uma ficção ou só pode ser obtida através de elementos externos – mais sexo, dinheiro, status e bens materiais.

Por fim, há a energia mais sutil de todas, a matéria-prima que dá origem a tudo. Essa energia situa-se na linha tênue entre a existência e a inexistência. É o primeiro frêmito de ímpeto criativo, o primeiro filete dos pensamentos de Deus. Nas tradições mais voltadas para a espiritualidade, essa vibração é conhecida como "eu sou". Nada poderia existir sem ela, mas ao mesmo tempo ela é o que há de mais delicado. Quando vivenciada no plano pessoal, dá a sensação de puro êxtase, ou de êxtase da consciência.

Toda essa diversidade de energias movimenta a sua vida, e todas estão à sua disposição. O tipo de energia que você pode evocar a qualquer instante, porém, depende do seu nível de consciência. No plano mais bruto, se alguém quer uma maçã, tem que trabalhar para conseguir dinheiro para comprá-la. Num nível mais sutil, se a pessoa quiser uma maçã, alguém surgirá com uma maçã na mão. No nível mais sutil de todos, se ela quiser uma maçã, a maçã aparecerá. O ego – e o mundo como um todo – só acredita no plano bruto da energia. Mas todos nós experimentamos energias mais sutis de vez em quando: desejos tornam-se realidade, vontades se concretizam e poderes invisíveis parecem estar em ação.

No caminho da espiritualidade, a pessoa alcança níveis mentais cada vez mais sutis, e, a cada passo, novos níveis de energia se tornam acessíveis. Por fim, quando a comunhão com Deus é alcançada, todos estão ao seu alcance. A essa altura, seus desejos e vontades são os mesmos que os de Deus. Você sempre foi um cocriador em potencial, e depois de alcançar Deus, esse potencial é totalmente ativado. Tudo o que você imagina se concretiza espontaneamente, com tanta facilidade quanto o pensamento. Não poderia ser de outro jeito, já que, em comunhão, o pensamento e o tangível são uma única coisa.

7 – PARA TODOS OS PROBLEMAS EXISTE UMA SOLUÇÃO CRIATIVA. TODAS AS POSSIBILIDADES CONTÊM A PROMESSA DE ABUNDÂNCIA.

O sétimo preceito é o antídoto contra o fracasso. Ele nos diz que todas as questões trazem em si sua resposta. O único motivo pelo qual um problema surge antes de sua solução é o fato de nossas mentes serem limitadas – pensamos em termos de sequências, de antes e depois. Fora das fronteiras estreitas do tempo, problemas e soluções surgem simultaneamente.

A sociedade moderna é direcionada para a solução de problemas. Não faltam pessoas empreendedoras que se dedicam a achar novas formas de fazer as coisas, e quase não há quem acredite que o progresso possa ser refreado. Boa parte dessa convicção, entretanto, é uma distração. Ao concentrar-se na próxima tecnologia, na próxima maravilha da engenharia, na próxima revolução da medicina, perdemos de vista os problemas mais profundos que não apresentam nenhuma solução. Buda destacou a questão do sofrimento, Jesus apontou a questão do pecado e da falta de amor, Gandhi enfatizou a ausência de paz num mundo de violência. Que nova tecnologia pode me impedir de atacar meu inimigo? Que avanço da medicina me dará a capacidade de amar ao próximo como a mim mesmo?

É só olhar em volta e ver como as soluções materiais se mostraram fúteis. Criminalidade, fome, guerra, epidemias e pobreza continuam a nos deixar desconcertados, enquanto a sociedade tenta resolver esses problemas com dinheiro, como se, apenas com perseverança, uma abordagem falhada pudesse dar certo. No caminho da espiritualidade, você descobre que todos os problemas têm origem na consciência. Portanto, a solução é sempre uma mudança de consciência.

Se você fosse feliz no plano da alma, em total comunhão com Deus, como seria? Em uma palavra, seria fácil. Para ser feliz no plano da alma, são necessários três fatores:

Você age sem fazer esforço.
Você sente prazer no que faz.
Seus atos dão resultados.

Se você deseja vivenciar a felicidade planejada por Deus, os três fatores devem atuar juntos. Essa felicidade pode ser vista na natureza, onde todas as criaturas agem com espontaneidade, mas ao mesmo tempo todos os atos mantêm em equilíbrio todo o sistema ecológico. Entretanto, os seres humanos habitam essencialmente um cenário mental. A visão que temos de nós mesmos determina o que fazemos; o ambiente físico vem em segundo lugar (se é que vem em algum lugar), e esperamos que ele se adapte às nossas exigências.

Na natureza, todo desafio gera uma reação. Enquanto os dinossauros entram em extinção, os mamíferos se desenvolvem. Enquanto samambaias dão lugar a angiospermas, os insetos aprendem a se alimentar de pólen. Criação e destruição caminham juntas, em contato constante uma com a outra. A mesma interação contínua também é possível num sistema mental ecológico. Em estados mais elevados de consciência, não há distância entre desejo e realização. No entanto, poucos de nós experimentamos esse estado espontâneo. O estado convencional de separação é feito de distâncias e descontinuidades. Desejos parecem levar ao fracasso. Os planos mais elaborados parecem dar errado, e nossa experiência no que diz respeito à separação só cresce.

Você pode pensar que são necessários esforços extremos para enfrentar os problemas com que nos deparamos. Do ponto de vista espiritual, o oposto é verdadeiro. A visão da alma não tem nada a ver com luta e falta de resultados. Não tem nada a ver com fracasso. Você só precisa medir seus atos segundo as três condições já citadas.

Estou agindo com facilidade, sem ter de lutar?
Gosto do que estou fazendo?
Os resultados desejados estão aparecendo?

Responder que sim é um indício de que, espiritualmente, você está na direção certa; responder que não significa que você está seguindo a trilha errada.

Tenho um amigo que passou anos dando dinheiro e conselhos para a família. Dos quatro irmãos, ele foi o único que fez faculdade e se tornou um médico bem-sucedido. É autoconfiante e oferece soluções com rapidez, e durante muitos anos pensou saber o que seus irmãos menos sortudos deveriam estar fazendo das próprias vidas.

Recentemente, houve uma crise. Os irmãos, que nunca foram bons em arrumar emprego, começaram a se endividar. Não paravam de pedir dinheiro ao meu amigo, e quando ele ameaçou romper relações, responderam com raiva.

– Olha só isso – ele disse com desgosto, me mostrando um e-mail enviado pelo irmão caçula. – Ele disse que, se eu não lhe der mais dinheiro, vai me acusar de abuso de poder.

Perguntei-lhe se os irmãos tinham expressado gratidão ao longo dos anos.

Meu amigo fez que não.

– Eles recebiam meu dinheiro e me ignoravam completamente.

– E ainda assim você continuou agindo da mesma forma – destaquei.

– Tenho que agir assim. Não suporto a ideia de ver meus irmãos recorrendo à assistência social ou indo parar na cadeia devido a alguma medida desesperada – explicou.

Naquele momento, apresentei os três critérios de ação.

– É fácil ajudar os seus irmãos? – indaguei.

– Não – ele admitiu –, eles resistem a cada passo que eu dou.

– Você fica feliz em lidar com eles? – perguntei.

– Não – ele disse. Ele ficava infeliz e frustrado. Às vezes pensava em mudar o número de seu telefone para nunca mais precisar falar com os irmãos.

Por fim, perguntei:

– Você está obtendo algum resultado? – Era evidente que não. Em vez de melhorar de vida, o dinheiro e os conselhos de meu amigo só serviam para que eles mantivessem os velhos hábitos.

Quando não há reflexão, planejamento, batalha, persuasão e força que sejam capazes de mudar a situação, é hora de usar as três questões que coloquei para o meu amigo. Você e eu não podemos fazer nada além de assumirmos nossos papéis no projeto divino. A inteligência infinita oferece soluções para todos os problemas. No caso de plantas e animais, a ecologia se equilibra sozinha; cada planta e animal tem apenas que desempenhar seu papel. Os seres humanos são mais ambiciosos – queremos criar nossas próprias fantasias e levá-las a cabo, o que complica muito as coisas. Mas as mesmas regras básicas se aplicam.

Agora me parece um bom momento para falar sobre uma das acusações sempre levantadas contra aquelas que estão no caminho da espiritualidade: a de que são egoístas e hedonistas; num mundo problemático, quem busca a espiritualidade só pensa no próprio bem-estar e usa Deus como desculpa. Tal crítica se baseia na afirmação de que o ego dita o que as pessoas supostamente ligadas à espiritualidade fazem, assim como dita os atos de todos. A opinião pode, sim, ser legítima. Se você se dá conta de que está em busca de Deus porque ele é o maior prêmio que há, porque é como ganhar na loteria, com certeza seu ego está na dianteira.

Porém, quando o caminho da espiritualidade nos faz ir além da devoção ao "eu, mim, meu", a expansão da consciência dilui as fronteiras da separação. Você passa a se ver não como algo isolado, mas sim como parte de um todo. Torna-se possível ajudar os outros da mesma forma que você ajuda a si mesmo, não porque o serviço comunitário ou a caridade fazem-no sentir-se bem, mas sim porque reconhece que você é a pessoa a quem está servindo. O ego é capaz de se oferecer para ajudar aos pobres e doentes, mas tem uma motivação mais profunda ao fazê-lo: ele se sente superior ao ajudar os outros.

Contudo, conheço inúmeras pessoas que realmente buscam a Deus e que medem as recompensas em termos de paz, compaixão e intimidade com a própria alma. O crescimento espiritual não exige uma vida de doação. Uma vida assim pode ser tão infeliz e egoísta quanto qualquer outra. Mas ouso dizer que as pessoas que buscam a espiritualidade aliviam mais o sofrimento humano do que qualquer governo existente. Qualquer passo dado em direção à percepção divina beneficia a humanidade como um todo.

8 – OS OBSTÁCULOS SÃO OPORTUNIDADES DISFARÇADAS.

O oitavo preceito é o antídoto contra a inflexibilidade. Ele nos mostra que os obstáculos são sinais que a consciência envia para mudarmos de direção e seguirmos um novo rumo. Se sua mente estiver aberta, perceberá a próxima oportunidade de fazê-lo.

Quando o ego se depara com um obstáculo, reage com ainda mais força. O mundo do ego é um campo de batalhas onde é preciso lutar para vencer. Não há dúvida de que essa atitude pode dar resultado – todos os impérios foram construídos através do poder da vitória –, mas há um custo terrível: a maré de guerra, luta e destruição continua a se erguer. Quando você é atacado, sofre a enorme tentação de adotar as armas do ego como forma de retaliação. Quantos movimentos pacifistas não estão cheios de ativistas furiosos? Quantos defensores do meio ambiente não amam a Terra, mas odeiam quem a maltrata? Como declarou Madre Teresa numa frase famosa, ela não estava disposta a participar de um movimento contra a guerra, pois este não era a mesma coisa que um movimento pacifista.

O mundo do ego representa um grande obstáculo ao crescimento espiritual. Portanto, a necessidade de ser flexível surge todos os dias. Você vai se deparar com a resistência interna constantemente, com vitórias e momentos de alegria intermitentes. Para evitar o desânimo, é preciso saber que os obstáculos vêm da mesma fonte que tudo o que existe. Deus não está presente apenas nos bons momentos. A inteligência infinita achou uma forma de encaixar todos os minutos de sua vida em um projeto. No dia a dia, é impossível compreender as ligações incrivelmente intrincadas entre a sua vida e o cosmos. O universo inteiro teve que conspirar para criar este exato instante.

Não há como planejar como você vai enfrentar o próximo desafio com que se deparar, mas é isso o que a maioria tenta fazer. As pessoas se protegem contra situações desastrosas; agarram-se a um repertório de hábitos e reações; resumem suas vidas à família, amigos e trabalho. Poupar recursos pode lhe trazer uma segurança módica, mas com isso você vai excluir totalmente o desconhecido, o que é o mesmo que esconder seu potencial de si mesmo. Como saber do que você é capaz se não se abrir aos mistérios da vida, ou se não tentar coisas novas? Para que a vida nunca deixe de surpreender, você deve se libertar dos padrões já estabelecidos.

O segredo é abandonar os velhos hábitos e confiar na espontaneidade. Por definição, a espontaneidade não admite planejamento prévio. Ele é desnecessário. Sempre que se pegar reagindo daquele jeito antigo, familiar, simplesmente pare. Não invente uma nova reação; não recorra ao extremo oposto da sua atitude habitual. Em vez disso, busque a franqueza. Mergulhe em si mesmo, fique em sua própria companhia e permita que a próxima reação surja sozinha.

Uma vez, perguntaram a um famoso compositor da Broadway como ele criava suas belas canções. Era conhecido o fato de que ele parava o carro no acostamento no meio do trânsito para escrever canções de sucesso. Qual era o seu segredo? "Espere, deixe-se levar e obedeça", ele disse.

Certíssimo.

9 – A EVOLUÇÃO MOSTRA O CAMINHO ATRAVÉS DO DESEJO.

O nono preceito é um antídoto contra a hipocrisia. Encoraja-nos a agir segundo nossos desejos genuínos, pois são eles que nos mostram o caminho do verdadeiro crescimento. Não finja ser melhor – ou diferente – do que você é. Não caia na armadilha de ter um rosto para o mundo e outro para Deus. Você é exatamente quem deve ser.

O desejo se tornou um enorme problema para as pessoas da era moderna. Duas forças nos puxam em direções opostas. Uma nos liberta de nossos antigos princípios. A outra quer preservar tais princípios. A polarização resultante pode ser vista em todas as esferas da vida, principalmente nos âmbitos social e político. Pessoas que frequentam a igreja se acham moralmente corretas, responsáveis e obedientes à vontade de Deus. Veem todos os que não fazem o mesmo como pessoas desprovidas de princípios, e, portanto, indignas do amor de Deus. Ao negar Deus a todos que se desviaram do caminho do moralismo, os devotos tomam para si, involuntariamente, um papel que só cabe a Deus.

Essa cisma também pode ser vista em nossos conflitos internos. No fundo, a influência dos antigos princípios é limitadora. Seu Deus é um Deus crítico, cujas exigências não devem ser desprezadas. Em outras palavras, o espírito existe para repreender a carne e manter seus desejos sob controle. A força da libertação, por outro lado, evoca um Deus tolerante, que ama sua criação e, em troca, só pede amor. Para curar tal divisão, precisamos entender que Deus não faz exigências e não estabelece nenhuma espécie de limite, nem no que diz respeito a pensamentos, nem a palavras, nem a atos.

No início do caminho, não importa se você é devoto ou ateu. O que ambos os lados têm em comum é a limitação. A condição prevalecente tem uma visão estreita – todos nós a compartilhamos. Então, de que forma Deus quer que cresçamos, em qual direção, e de acordo com quais diretrizes? Nenhuma. Você cresce da forma que quiser, seguindo seus próprios desejos. Você já está cultivando as sementes certas. As coisas que lhe interessam profundamente fazem o papel de Deus; você sente uma atração irresistível por elas.

O mundo tangível, em todos os seus detalhes, é um símbolo de Deus. Você pode contemplar o céu num dia ensolarado, ficar grudado à TV assistindo a uma partida de futebol, ou observar seu filho dormindo no berço. Tudo o que o cativa é uma tentativa de despertá-lo. Um amigo meu exprimiu essa ideia com mais objetividade: "Se você não sabe para onde está indo, pouco importa de onde você vai partir." Um ímpeto de amor, se tiver seu caminho seguido, se tornará maior e mais intenso, e no fim se revelará divino. Um ímpeto de gratidão fará o mesmo, assim como a compaixão, a bondade, caridade, fé, devoção, reconhecimento, arte e ciência. Seja para qual lado a mente humana queira se expandir, Deus estará aguardando no final da fila.

10 – LIBERDADE É DESPRENDIMENTO.

O décimo preceito é um antídoto contra o apego. Ele nos lembra de que não podemos chegar a Deus através do esforço. Se você se desapegar do que não é real em sua vida, restará apenas o que é real: Deus.

Ao longo dos anos, descobri que o desprendimento confunde as pessoas. Elas anseiam por se desapegar de coisas que lhes trazem dor e sofrimento, mas, por alguma estranha ironia, as algemas se recusam a cair. Esposas que sofrem abusos não abandonam os maridos. Viciados buscam cada vez mais aquilo que os destrói. Raiva, medo e violência passam à vontade pela mente, embora a pessoa tenha tentado a todo custo renunciar a tais emoções. Como se desapegar de coisas que o dominam com tanta veemência?

Dizer a alguém que está empacado para "simplesmente se desapegar" é tão inútil quanto dizer a um histérico para "ficar calmo". Coisas negativas se aderem a nós porque estão ligadas a uma energia subjacente, que se nega a ir embora. Pessoas raivosas não precisam de um motivo específico para ficar com raiva, só de um pretexto para extravasar a energia reprimida que as mantém sob tensão constante. Pessoas ansiosas têm uma preocupação intrínseca, não por causa de algo em especial, mas sim pelo próprio medo. Para ser livre, você deve encontrar um modo de se desfazer de toda essa energia contida que manda sempre as mesmas mensagens. A capacidade de se desprender é muito mais complexa do que parece, mas é a mais crucial.

Vamos examinar melhor a raiva e o medo, as duas energias emocionais que mais nos perseguem. Só é possível se livrar da raiva e do medo por meio de um processo que inclui os seguintes passos:

Esteja atento. Não ignore seus sentimentos quando estiver com raiva ou ansioso. Resista ao ímpeto de virar o rosto e guardar suas emoções num lugar longe de vista. Quanto mais alerta você estiver, mais fácil será acessar a energia reprimida e desfazer-se dela.

Seja objetivo. Se você se identificar pessoalmente com a negatividade, nunca conseguirá livrar-se dela. Aprenda a ver a raiva como uma mera energia, como a eletricidade. A eletricidade nada tem a ver com você. Assim como a raiva. Ela é universal e se agarra a tudo o que parece injusto ou incorreto. O medo se agarra a tudo o que parece perigoso ou inseguro.

Não se prenda às especificidades. Energias ficam presas a situações específicas: uma pessoa em especial bate na traseira do seu carro, fura a fila do supermercado ou faz com que você perca dinheiro. Esses são os teores da situação, as especificidades, e você não pode se desprender dessa energia vivendo exclusivamente desses momentos. Imagine-se tendo uma discussão com seu marido ou esposa. Você tem certeza de que sua opinião é a certa. Mas, se não deixar de lado a raiva até que seu companheiro diga: "Eu estava errado; você tinha toda a razão", pode passar o resto da vida esperando. E mesmo que ele peça desculpas, sua raiva pode não desaparecer por completo. Desapegue-se do teor da situação ocorrida e, para o seu próprio bem, extravase sua raiva sozinho.

Assuma a responsabilidade. Essa ideia anda de mãos dadas com o desprendimento. A sua energia é só sua e de mais ninguém. Em termos espirituais, não importa quem está certo e quem está errado, quem é o agressor e quem é a vítima. Só interessa como conquistar sua própria liberdade. Num mundo de antagonismos, o certo e o errado travam uma batalha eterna. Sua função é abandonar a energia que se prendeu a você, por qualquer razão que seja. No momento em que você assumir a responsabilidade, não será mais joguete das circunstâncias.

Não espere que alguém faça isso por você. Sem dúvida existe algo semelhante à orientação divina, mas o caminho da liberdade é o eu. De modo geral, esperamos que outras pessoas nos deem força, e não um agente divino. Não há como contornar o fato de que tudo o que você possui para seguir sua viagem espiritual é a própria mente, corpo e alma. Por mais que outras pessoas possam lhe oferecer consolo ou desejar-lhe bem, só você pode participar da sua viagem interior.

Deixe seu corpo participar. O processo de desapegar-se não é apenas mental. Na verdade, você metabolizou o passado e fez de seu corpo seu santuário. Ou, como resumiu alguém, "o corpo é o registro de nossas vidas". Diversos tipos de terapias corporais purificadoras podem ser úteis nesse caso. Para começar, deixe o seu corpo fazer o que ele quer. Ele sabe como tremer de medo e se contorcer de raiva. Não resista às reações naturais do corpo, mas também não as imponha a outra pessoa.

O extravasamento de energias contidas é um processo íntimo, e diz respeito somente a você mesmo.

Investigue e descubra. Não quero dar a entender que a jornada espiritual envolve um empenho árduo e solitário. Muito pelo contrário. Não há nada mais fascinante que descobrir quem você realmente é e o que lhe interessa. As pessoas, em sua maioria, vivem vidas em segunda mão. Só o que sabem sobre si próprios é o que os outros lhes dizem; as vozes que ouvem em suas mentes vêm do passado; a visão que têm de suas possibilidades é apenas a soma do que aprenderam na escola, na igreja e na vida em família. O passado cria uma energia não resolvida. A necessidade de se conformar cria o medo de se libertar. Felizmente, à medida que você se livrar dessas velhas energias, ganhará mais um pouquinho de liberdade.

Valorize, acima de tudo, a liberdade. Anteriormente, eu disse que todos ouvimos dois impulsos dentro de nós. Um diz "é isso o que eu quero fazer", e o outro, "é melhor eu fazer isso". O primeiro é a voz da liberdade; o segundo é a voz do medo. O projeto divino é infinitamente complexo, mas, no aspecto individual, é infinitamente simples. Você se torna o que deseja ser; você faz o que deseja fazer. Não é a mesma coisa que o seu ego quer que você seja ou que as suas fantasias o incitam a fazer. A liberdade espiritual o transforma em um Ser infinito. Só então você encontra seu eu verdadeiro. Quando isso acontece, tudo aquilo que você desejou ser no passado será visto como um impulso momentâneo. E cada impulso para ser livre será visto como um caminho na direção certa.

AS ENERGIAS CONTIDAS O OBRIGAM a ser alguém que não existe mais: a criança revoltada que não se sentia amada, a criança medrosa que não se sentia segura. O passado é um guia falso do futuro, e ainda assim a maioria de nós confia nele. Mergulhe fundo e desapegue-se do próprio conceito de tempo. É aí que mora a verdadeira liberdade. Toda a história da humanidade jaz em você. A melancolia do mundo e as tristezas, os medos e a revolta são seus. Alguns podem se desesperar ao ouvir esta notícia, mas por que não se alegrar? Pense que ao libertar-se você estará libertando o mundo. O que poderia ser mais nobre?

Uma vez, li que Jesus, Buda e todos os santos e sábios existem por uma única razão: "lançar a realidade sobre a Terra". Naquele momento, vi a humanidade como uma pirâmide gigantesca, onde cada pessoa tinha seu lugar. Deus desce à terra como a chuva fresca, e em cada plano sua graça é recebida de forma diferente. Para alguns, a sensação é de amor, para outros, é de redenção. Em um plano parece-se com a segurança e o afeto, em outro parece um retorno ao lar. Não sei bem qual é o meu lugar na pirâmide, pois escolhi ser um alpinista. Eu me forço a continuar subindo, inspirado nos vislumbres ocasionais do nível de consciência que preciso alcançar.

Um dia vou chegar ao cume. Àquela altura onde o ar é rarefeito, duvido que eu veja a imagem de Buda ou de Cristo, ou de qualquer um que tenha tido a bênção de chegar lá antes. Eles já terão se dissipado no éter. Acima de mim, haverá apenas a vasta expansão do Tudo, o êxtase infinito da plenitude de Deus. Meu impulso não será o de olhar para cima, mas não por temer encarar o rosto divino. Quero olhar para baixo porque você estará vindo em minha direção, a poucos passos de distância. Nós enfim nos veremos à luz de Deus, e, nesse instante de reconhecimento, algo que só posso descrever como amor surgirá como um amanhecer eterno.

Agradecimentos

Ao meu editor, Peter Guzzardi, pela habilidade ao conter minha prolixidade; à Carolyn Rangel e à minha equipe no Chopra Center, cuja dedicação é uma inspiração diária para mim; à minha família em casa e à minha família na Harmony Books: obrigado, Shaye, Jenny, Julia, Kira e Tara.

ARCO DO TEMPO

Nos passos do budismo
O caminho da prática – *Bri Maya Tiwari*
Os estágios da meditação – *Dalai Lama*
Como praticar – o caminho para uma vida repleta de sentido – *Dalai Lama e Jeffrey Hopkins*
Conselhos sobre a morte – e como viver uma vida melhor – *Dalai Lama e Jeffrey Hopkins*
Emoções que curam – *Daniel Goleman*
O mundo sagrado – *Jeremy Hayward*
Em busca de uma psicologia do despertar – *John Welwood*
O despertar do Buda interior – *Lama Surya Das*
O despertar do coração budista – *Lama Surya Das*
O despertar para o sagrado – *Lama Surya Das*
Uma pessoa diferente – *Lama Surya Das*
Meditação – *Pam e Gordon Smith*
Mundo afora com o budismo – *Perry Garfinkel*
O tao da voz – *Stephen Chun-Tao Cheng*
Paz a cada passo – *Thich Nhat Hanh*
A essência dos ensinamentos do Buda – *Thich Nhat Hanh*
Vivendo Buda, vivendo Cristo – *Thich Nhat Hanh*

Vivendo o amor
Pai místico, místico pai – *David Spangler*
O chamado – *David Spangler*
Milagres do dia a dia – *David Spangler*
Bênção – *David Spangler*
Um curso em amor – *Joan Gattuso*
Um curso de vida – *Joan Gattuso*
O livro do perdão – *Robin Casarjian*

Escrito nas estrelas
Os planetas e o trabalho – *Jamie Binder*
Quíron e a jornada em busca da cura – *Melanie Reinhardt*

A força da intuição
Seu sexto sentido – *Belleruth Napastek*
Mulheres que correm com os lobos – *Clarissa Pinkola Estés*
A ciranda das mulheres sábias – *Clarissa Pinkola Estés*
Anatomia do espírito – *Caroline Myss*
Contratos sagrados – *Caroline Myss*

O poder do fluxo – *Charlen Berlitz* e *Meg Lundstrom*
Histórias sagradas – *Charles* e *Anne Simpson*
O jogo das sombras – *Connie Zweig* e *Steve Wolf*
A realização espontânea do desejo – *Deepak Chopra*
Fiando palha, tecendo ouro – *Joan Gould*

A lição dos xamãs
A mulher no corpo do xamã – *Barbara Tedlock*
O segredo do xamã – *Douglas Gilette*
Andarilho espiritual – *Hank Wesselman*
Emissário da luz – *James F. Twyman*
Dançando o sonho – *Jamie Sams*
As cartas do caminho sagrado – *Jamie Sams*
Cartas xamânicas – *Jamie Sams* e *David Carson*
A luz dentro da escuridão – *John Tarrant*
Mensagem do outro lado do mundo – *Marlo Morgan*
Mensagem do eterno – *Marlo Morgan*
Círculo de xamãs – *Olga Kharitidi*

As leis do espírito
O caminho para o amor – *Deepak Chopra*
O caminho do mago – *Deepak Chopra*
O caminho da cura – *Deepak Chopra*
Como conhecer Deus – *Deepak Chopra*
Golfe, um caminho para a iluminação – *Deepak Chopra*
Imortalidade do dia a dia – *Deepak Chopra*
Kama sutra – *Deepak Chopra*
O livro dos segredos – *Deepak Chopra*
A paz é o caminho – *Deepak Chopra*
As sete leis espirituais para os pais – *Deepak Chopra*
Atalhos para a felicidade espiritual – *Za Rinpoche* e *Ashley Nebelsieck*
O terceiro Jesus – *Deepak Chopra*
Por que Deus está rindo? – *Deepak Chopra*

A luz em toda a parte
Sede de plenitude – *Christina Groff*
Esperança diante da morte – *Christine Longacker*
O espírito de Tony de Mello – *John Callanan*
A porta para seu eu interior – *John Callanan*
Anam Cara – *John O'Donahue*
Ecos eternos – *John O'Donahue*
Purificação emocional – *John Ruskin*

As novas revelações – *Neale Donald Walsch*
Portais secretos – *Nilton Bonder*
Cestas sagradas – *Phil Jackson e Hugh Delehanty*
O fogo e a rosa – *Robert Griffith Turner Jr.*

O encanto no cotidiano
Doze pontos de ouro – *Aliske Webb*
A vida é um bilhete premiado – *Brendon Burchard*
De coração aberto – *Elizabeth Lesser*
Energia positiva – *Judith Orloff, M.D.*
O valor da mulher – *Marianne Williamson*
Illuminata – *Marianne Williamson*
Amor encantado – *Marianne Williamson*
Graça cotidiana – *Marianne Williamson*
Refúgio para o espírito – *Victoria Moran*
Como criar uma vida encantada – *Victoria Moran*
A luz que vem de dentro – *Victoria Moran*
Em forma de dentro para fora – *Victoria Moran*

Coleção Sábias Palavras
O livro tibetano dos mortos – *Francesca Fremantle e Chogyan Trüngpa*
Ensinamentos do Buda – org. *Jack Kornfield e Jill Fronsdal*
A arte da paz – *Morihei Ueshiba*
O caminho de um peregrino – *Olga Savin*
I Ching – *Thomas Cleary*
O espírito do Tao – org. *Thomas Cleary*

Este livro foi impresso na Editora JPA Ltda.,
Av. Brasil, 10.600 – Rio de Janeiro – RJ,
para a Editora Rocco Ltda.